Bibliografische Information der Deutschen Bibliothek:
Die Deutsche Bibliothek verzeichnet diese Publikation in der Deut-
schen Nationalbiografie; detaillierte bibliografische Daten sind im
Internet über http://www.dnb.dbb.de abrufbar.

Angela Moonlight – Botschaften aus einer anderen Dimension
ISBN 3-940868-20-6
© copyright 2008 Angela Moonlight
© copyright 2008 Hierophant-Verlag
© Coverbild: Angela Moonlight
© Cover: Torsten Peters
Grafik und Satz: BP-Werbeagentur Heppenheim
Druck: DIP Witten

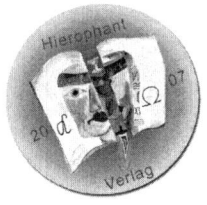

1. Auflage April 2008

Hierophant-Verlag
Im Bollerts 4 - 64646 Heppenheim
http://www.hierophant-verlag.de

Botschaften aus einer anderen Dimension

Angela Moonlight

Widmung

Ich widme dieses Buch all den Menschen, die wie ich auf der Suche sind.

Es ist auch für all die Menschen gedacht, die schon angekommen sind.

Ich widme es all den Seelen, die schon vorausgegangen sind; all den Seelen, die im täglichen Leben in der Nähe und in der Distanz mit uns zu tun haben.

Wir sind alle eine große Seelenfamilie.

Unser Seelenband verbindet uns.

Für euch ist dieses Buch

Angela Moonlight
November 2007

Inhaltsverzeichnis

Vorwort

Als ich begann, dieses Buch zu schreiben, war ich mir nicht sicher, ob es ein Buch werden würde. Ich war mir nicht im Geringsten darüber im Klaren, was dieses Buch in mir auslösen würde.

Viele Fragen stürmten auf mich ein.

Fragen wie: Bin ich nun vollkommen verrückt? Gibt es so etwas wie Durchsagen wirklich? Höre ich Stimmen im Sinne von krank sein?

Es gab viele Fragen. Ich war verwirrt, durcheinander und sehr, sehr unsicher. Ich konnte mir nicht vorstellen, dass, wenn es all das geben sollte (Channeling, Durchsagen), wieso dann ich?

Ich bin vom Weg abgekommen (dachte ich, als ich die Ausbildungsgruppe verließ). Wie kann er mich auswählen, seine Botschaft zu verkünden?

Ich zweifelte und zweifelte und ich hatte Ängste.

Wenn man Biografien geschrieben hat, so wie ich (Rette mich! Manche Kinder werden ohne Schutzengel geboren - 1. Teil) und (Sie nannten es Heilung im Namen des Herren – 2. Teil) und kommt dann mit so etwas - das erschien mir mehr als verrückt.

Sicher, zuvor hatte man mich ein Buch schreiben lassen mit dem Titel „Wir sehen uns auf der Lichtbrücke Mama".

Dies war die Vorbereitung auf das, was noch kommen sollte. Dieses Buch erschien mir jedoch nicht so absurd wie dieses Buch hier.

Heute bin ich froh und glücklich, dass ich es schreiben durfte. Das wunderschöne Gefühl, verbunden - eins - zu sein mit dem Geistigen, ist eine unvorstellbare Bereicherung für mich.

Ich hoffe, dass dieses Buch auch eine Bereicherung für Sie sein kann.

Ich wünsche Ihnen aus meiner tiefsten Seele, dass auch Sie während des Lesens die wunderbare Energie von Meister Kuthumi wahrnehmen dürfen.

Möge sich ein Kanal öffnen, der sich nie mehr schließt.

Tauchen Sie nun ein mit mir in die geistige Welt.

Erster Kontakt mit Kuthumi

Heute ist Montag, der 19. November 2007. Ich sitze hier an meinem Schreibtisch und wie man unschwer bemerken kann, bediene ich die Tasten meines Laptops. Seit Tagen habe ich das Gefühl, ich sollte etwas schreiben, von dem ich so gar keine Ahnung habe, was es eigentlich sein soll. Alles Mögliche tue ich, um herauszufinden, ob es nicht ein Irrspiel meines Verstandes ist.

Da sitze ich und denke *Botschaften aus einer anderen Dimension*. Großartig, jetzt kann ja nichts mehr schief gehen, jetzt bist du endgültig verrückt.

Eine leise Stimme trägt mir zu: *Du bist ganz und gar nicht verrückt, meine Liebe, nur auserwählt, unsere Botschaften zu verkünden.*

Ein bisschen Angst macht mir das schon. Aber keine Angst in dem Sinn von sich fürchten. Nein eher von „ich bin total gestört". Im Moment überlege ich mir gerade, ob es nicht sinnvoller wäre, in die Stadt zu fahren und sich ein Buch zu kaufen, das könnte man dann lesen und gut wäre es. Wieder höre ich die Stimme, die lachend sagt: *Denkst du wirklich, das würde etwas ändern, wenn du jetzt wegläufst. Wir haben Zeit, wir können warten, meine Liebe.*

Super, ist alles, was ich denke und verziehe dezent das Gesicht - sehr zur Belustigung meiner Übermittler. Sie scheinen meine Reaktionen amüsant zu finden. Ich werde korrigiert: *Nicht amüsant - so herrlich menschlich!*

Zwischenstopp - ich muss in den Keller, nach meiner Wäsche sehen, die wäscht sich leider nicht von alleine. Als Antwort erhalte ich dann: *Geh ruhig, wir warten auf dich.*

Na ja, wenn es das ist, was ich will, dann gehe ich nun und die warten auf mich, wer auch immer die sind. Achselzuckend verlasse ich den Raum und denke noch, vielleicht ist es ja vorbei, wenn ich zurückkomme. Im Hintergrund höre ich ein leises, belustigtes Lachen: *Ganz bestimmt nicht*, hallt es mir nach.

Wir sind noch da, die erste Begrüßung, nachdem ich den Raum betreten habe. Irgendwie ist es eigenartig. Ich weiß, dass es real ist und doch kommt es mir total befremdlich vor. Ich habe schon Erfahrungen in diesem Bereich, wie man aus meinem Buch „Sie nannten es Heilung im Namen des Herren" weiß. Nicht alle Erfahrungen waren schlecht. Es waren viele positive, schöne und fast unglaubliche Momente dabei und doch sitze ich etwas zweifelnd hier. Der Zweifel besteht nicht darin, dass ich nicht glaube, dass es Channeling gibt, sondern, dass ich nicht glaube, dass ich dazu bestimmt oder fähig bin - oder wie auch immer.

Gerade deshalb haben wir dich ausgesucht, weil du so sehr an dir zweifelst.

Ich weiß ja nicht einmal, über was wir reden wollten.

Es reicht auch, wenn wir es wissen, du wirst ganz von alleine und völlig frei in das Gespräch mit einsteigen, da sind wir uns „todsicher", wie ihr Menschen das zu sagen pflegt.

Grinsen im Hintergrund, ich glaube, die amüsieren sich großartig, während ich mich immer noch frage, ob das eine Krankheit ist, die man behandeln kann. Ist ja nicht so, dass ich nicht schon behandelt worden wäre - aber, ob das, was da geschrieben wird, irre ist oder nicht, das müssen Sie, liebe Leser, selber entscheiden. Diese Entscheidung kann ich Ihnen nicht abnehmen. Ich ringe ja immer noch mit mir und der Entscheidung, ob ich da überhaupt mitmachen soll. Anscheinend ist die Entscheidung ja schon längst gefallen.
Selbst die Tarotkarten sagen das. Hinweis zur Deutung, wenn Sie z.B. die Karte Sonne ziehen, ist die Entscheidung schon längst gefallen, Sie haben es nur noch nicht akzeptiert. Und was ziehe ich für eine Karte zuerst? – Richtig, die Sonne - was soll ich da noch sagen.
Hinter mir herrscht allgemeine Belustigung. Ich denke, so, wenn ich einfach nicht schreibe und nicht mitmache, dann hört das gewiss wieder auf.

Ha, die reden einfach pausenlos weiter. Das interessiert die wenig, stattdessen erhalte ich dann die Anmerkung: *Wir wis-*

sen ja, dass du über eine außerordentliche Merkfähigkeit verfügst, du kannst dir also ruhig Zeit lassen mit dem Schreiben, wir sprechen weiter und warten, bis du soweit bist.

Ehrlich gesagt, mein Gesichtsausdruck gleicht dem eines unverständlichen Trottels. Woher wollen die wissen, wie meine Merkfähigkeit ist. Zurzeit hab ich sogar Probleme, mir meinen eigenen Namen zu merken. Wenn ich auf dem Weg in die Küche bin, um etwas zu holen, dann weiß ich häufig nicht mehr, was ich hier wollte, wenn ich ankomme – aber, meine Merkfähigkeit ist ja außerordentlich gut. Ich glaube, jetzt bin ich es, die lachen sollte, oder?
Einer der Herrschaften ist ruhiger geworden. Er schaut sich seine Fingernägel an. Die haben tatsächlich Fingernägel!

Dachtest du, wir sind Aliens, oder was? Ohne Körper - gestaltlos?

Keine Ahnung. Woher soll ich das wissen, ich kenne euch erst seit fünf Minuten.

Das ist eine Lüge, wie ihr sagen würdet und das weißt du auch, wir sind uns schon viel früher begegnet.

Klasse, das hat mir gerade noch gefehlt, dass ich zurecht gewiesen werde, da stehe ich ja so drauf. Super. Während ich meine Augen verdrehe, nimmt dieses Wesen immer mehr bildliche Gestalt an - und ja, ich kenne ihn. Ich mag ihn sogar.

Er ist nicht nur weise, sondern auch unheimlich humorvoll. Er ist mit Sicherheit schon ewig und drei Tage alt, will heißen uralt, aber ich will ihn ja nicht beleidigen. Er trägt einen langen, blauen Kimono mit goldenen Zeichen darauf. Die Zeichen kann ich nicht richtig sehen oder deuten. Ein Drache ist auf dem Rückenteil des Kimonos abgebildet. Ein roter Satingürtel schließt den Kimono. Lange, weiße Haare hat der gute Geselle und einen spitzen, weißen Bart am Kinn. Zudem hat er einen Schnauzbart über der Oberlippe, der links und rechts in Spitzen nach unten verläuft. Er hat ein gütiges, faltiges Ge-

sicht. Sein Gesicht ist gezeichnet von der Weisheit, die ihm innewohnt. Er hat leuchtende, blaue Augen. Sie stahlen so, als würde er mich direkt damit anlachen. Die Schuhe, die er trägt, sind nahezu unbeschreiblich, aber ich werde es versuchen. Sie wirken auf mich wie gewickelte Binden am Bein, die vorne am Fuß spitz zulaufen. Der Schuh hat eine dünne Sohle. Mir ist diese Art von Schuhen nicht bekannt. Na ja, ich komme ja auch nicht aus dem Land der untergehenden Sonne.
Ja, ja, ich werde erwähnen, dass du einen Namen hast. Kuthumi ist sein Name.

Während ich das hier schreibe, friere ich. Eine leichte Kälte hat meinen Körper erfasst und eine Gänsehaut bildet sich auf ihm. Er sagt, das läge an der Energie, mit der ich nun verbunden sei und zudem würde er es begrüßen, wenn ich ihn bei seinem Namen nennen würde.
Wie ein kleines, trotziges Kind wippe ich mit dem Kopf hin und her und meckere im Geiste.

Vergiss nicht, dass ich das sehen und mitbekommen kann, meine Liebe.

Ich verdrehe die Augen, während ich schreibe.

Das hab ich auch gesehen!

Tja, was soll ich sagen, ist nicht so einfach, mit niemanden zu kommunizieren.

Bin ich vielleicht niemand? Hat niemand einen Namen?

Na ja, zumindest niemand Sichtbares.

Du beschreibst, wie ich aussehe – sogar, was für Schuhe ich trage und dann willst du sagen, ich wäre nicht sichtbar?

Na ja, wenn ich mich umdrehe, sehe ich nichts.

Das ist nur so, weil du nichts sehen möchtest.

Hä? Wie meinst du das?

Na, du wehrst dich doch schon geraume Zeit gegen das Hellsehen oder? Du konntest schon immer andere Dimensionen und Energien wahrnehmen und das weißt du auch. Du hast schon Auren von anderen Personen erfühlt und gesehen.

Ja, ja (Augen verdrehend), denke ich und ziehe die Augenbrauen hoch, wenn du meinst.

Kuthumi ist ein freundlicher und weiser Mann. Er nimmt mir meine Zweifel nicht übel - im Gegenteil. Ich glaube, es macht ihm Spaß mit mir zu kommunizieren. Ich habe den Eindruck, es ist eine kleine Herausforderung für ihn und eine große Lektion für mich. Kuthumi hat im vorigen Jahrhundert gelebt, sagt er mir. Ich denke wieder, ja, ja, und verdrehe die Augen. Ich gebe am PC seinen Namen ein und sehe – was? Jawohl, Kuthumi lebte im vorigen Jahrhundert. Vor Erstaunen schlage ich mir die Hand vor die Stirn.

Aus dem Hintergrund ertönt leises Gelächter und Kuthumi sagt: *Vielleicht fällt es dir jetzt leichter, mir zu glauben. Wenn nicht - ich hätte noch so ein paar Überraschungen für dich.*

Danke, jetzt bin ich erst mal bedient. Ich brauche eine Pause und ich muss nachdenken.

Pause ist in Ordnung. Nachdenken kannst du auch, wird aber an der Tatsache, dass ich mit dir kommuniziere, nichts ändern.

Das war eine lange Pause.

Na ja, ich wollte noch ein Bild malen für mein neues Cover - hat nicht so recht geklappt. Muss noch ein paar Dinge ausprobieren.

Es wird klappen, wenn die Zeit dafür gekommen ist - du musst lernen, geduldiger zu sein.

Haha, ich schmeiß mich gleich weg – ich und geduldiger, das passt zusammen wie Feuer und Wasser. Super Vorschlag, ehrlich.

Wusstest du, dass Feuer und Wasser eine Einheit sind?

Wie bitte?

Feuer und Wasser bilden seit jeher eine Einheit, auch, wenn sie gegensätzlich sind - oder besser gesagt - gerade, weil sie gegensätzlich sind. Das wäre unser erstes Thema. Gegensätze.

Na, darauf hat die Welt gewartet (lachend).

Ich liebe deine Art von Humor – sie ist so herrlich sarkastisch.

Du magst Sarkasmus?

Ja und schwarzen Humor.

Na dann bist du bei mir an der richtigen Stelle.

Ich weiß, lass uns beginnen.

Kuthumis Energie

Die Energie, die ich bin, ist von freudiger, lebendiger und leichter Natur. Es ist wie eine zarte Schwingung. Wie ein Windhauch, der leicht dein Gesicht streift.

Schließe deine Augen und atme dreimal tief ein und aus. Sieh zu, dass du eine bequeme Haltung eingenommen hast, wir möchten ja nicht, dass du bei unserem ersten Kontakt einschläfst.

Während du einatmest, visualisiere Strahlen. Strahlen in den Farben gold, blau, violett, gelb, rot und rosa. Die Strahlen bündeln sich zu einem einzigen Strahl. Der Strahl hat circa 15 Meter Durchmesser und reicht von der Erde bis in die unendlichen Weiten des Alls.

Begib dich in den Strahl. Lasse deine Aura und alle deine Körper von den Strahlen durchfluten und reinigen.

Nenne dreimal meinen Namen und lade mich ein, zu dir zu kommen.

Nun warte ab, was geschieht.

Bedenke, die Energie ist lebendig. Ein Hochgefühl kann dich erfassen von einem Ausmaß, das dir Tränen in die Augen treiben kann.
So schön und rein die Energie auch ist, sie ist sehr hochschwingend und kraftvoll. Kopfschmerzen können dich zu Anfang begleiten, was jedoch nicht von Dauer sein wird.
Lasse zu, dass ich dein Herz erfülle.
Spürst du, dass ich bei dir bin?
Frage, was immer du fragen möchtest. Lausche auf meine Stimme, ich werde dir antworten.

Manchmal kann es sein, dass es nur eine Idee, ein Gedankenblitz oder eine Vision ist. Farben, Musik und Tanz gehören ebenfalls zu meiner Kommunikationsart. Wundere dich n' ich bin sehr kreativ.

Leicht wie eine Feder berühre ich dich. Berausche dich mit der Energie der Lebensfreude.
Mit mir tanzt du den Tanz des Lebens voller Leichtigkeit und Anmut.

Du kannst den Kontakt zu mir aufbauen, wann immer du möchtest. Ich kann sofort bei dir sein. Raum und Zeit sowie Entfernungen kennen wir nicht. Wir sind eins. Alles ist miteinander verbunden. Wir können überall da sein, wo wir sein wollen.

Scheue dich nicht, mir auch nur die kleinste Frage zu stellen. Mag sie dir auch noch so unwichtig vorkommen. Alles ist von Bedeutung, nichts ist ohne Sinn.
Freude, Euphorie, überschäumende Herzen, tiefe Lebensfreude, Tanz, Genuss - all das bin ich. Wenn du diese Energien fühlst, so weißt du, ich bin. So wie du bist.
In diesem Moment, hier und jetzt und in aller Ewigkeit.

Kuthumi

Gegensätze

Man sagt ja immer, Gegensätze ziehen sich an!

Richtig. Im Prinzip sind Gegensätze nichts anderes als eine Einheit mit zwei Polen.

Was? Entschuldige, in Physik war ich total mies, ich hab es nicht so mit Polen auch nicht im geographischen Bereich, da war ich genauso eine Niete.

Siehst du?

Was sehe ich?

Na, die Einheit. Wenn du eine Skala von -10 bis 0 hast und von 0 bis +10, dann ist 0 die Neutralität.

Oh mein Gott, klingt das physikalisch, davon hab ich null Plan.

Deine Sprachweise amüsiert mich.

Freut mich sehr. Komm, erklär die Nulllinie (Augen verdrehen bis zum Himmel).

Also, 0 ist die Neutralität. Nehmen wir Geographie als Beispiel.

Anmerkung von mir: Super Idee!

Also, wenn dein Interesse an Geographie bei Null liegt, wäre es neutral. Nicht zu viel und nicht zu wenig. Alles, was in den Minus Bereich geht, signalisiert dein Desinteresse. Alles, was in den Plusbereich geht, signalisiert dein Interesse.

Super, ich bin nicht null, ich bin minus 10 - das baut mich ja tierisch auf.

Wusste ich, Hahaha.

Ich hab keinen Plan, von was wir hier eigentlich reden.

Macht nichts. Die Menschen, die es lesen, werden es sofort verstehen.

Na, das beruhigt mich ja ungemein. Macht ja nichts, wenn ich dumm sterbe.

Du stirbst nicht dumm, niemand stirbt dumm.

Das ist nur so eine Redensart.

Du verstehst nicht, was ich sage, weil du mit dem Verstand zuhörst. Du solltest dein Herz zum Hören benutzen. Ich versuche es noch einmal anders. Du beurteilst etwas. Das heißt für dich z.B., wenn dich Geographie nicht interessiert, dann ist es schlecht, wenn es dich jedoch interessiert, dann ist es gut. Du trennst und beurteilst. Es gibt kein Gut und Schlecht - es ist alles eins - auch Geographie.

Sorry, das raff ich nicht - ist mir zu hoch.

Versuchen wir es anders. Du hast zwei Hunde. Einer davon ist gesund - einer krank, bzw. er hat eine Aufgabe, weil er nur drei Beine hat. Ist jetzt ein Hund besser als der andere?
Nein, Hund ist Hund, ich liebe beide. Es gibt keiner besser und keiner schlechter.

Jetzt hast du es verstanden.

Wer bin ich

Weißt du, in der letzten Zeit frage ich mich häufig: Wer bin ich? Was tue ich hier? Was ist meine Aufgabe?

Und, hast du eine Antwort bekommen?

Nein, ich weiß nicht, ich glaube, selbst, wenn ich sie bekommen hätte, dass ich sie nicht bemerkt hätte. Verstehst du, was ich meine?

Sicher verstehe ich, was du meinst. Die Zeit, in der ihr euch momentan befindet, ist sehr hektisch und unruhig. Wobei ihr es seid, die ihr euch die Zeit so gestaltet. Niemand zwingt euch zu diesem Verhalten. Ihr habt es selbst so gewählt. Dies ist eure Art, Gott zu erfahren. Ihr entfernt euch ewig weit von der Quelle. Dies ist für euch nur durch diese Hektik möglich. Würdet ihr langsamer voranschreiten, dann hättet ihr Zeit, euch zu besinnen. Besinnt ihr euch aber, so wisst ihr, dass ihr geliebte Kinder Gottes seid. Dass ihr niemals getrennt von Gott sein könnt. Ihr erschafft eure Realität. Ihr erschafft sie euch so grausam (würdet ihr sagen), dass ihr euch die Frage nach Gott stellen müsst. Ihr glaubt zu erkennen, dass es keinen Gott gibt. Gäbe es einen Gott, so würde er dies eurer Meinung nach nicht zulassen. Somit erschafft ihr euch die Illusion, von Gott getrennt zu sein.
Was deine Frage anbetrifft, wer du bist, so kann ich dir sagen: Du bist – so, wie ich bin.

Das wirkt nicht gerade hilfreich auf mich.

Du hast den Sinn dessen noch nicht erfasst, was es bedeutet, zu sein. Die Aussage: Ich bin Ich, hat eine viel größere Tragweite, als du es dir momentan vorstellen kannst. Mit der Erkenntnis des „Ich bin" stehen dir Tür und Tor offen. Alle Illusion verschwindet und du erkennst das, was du bist und was sich hinter dem Schleier der Illusion verbirgt. Noch bist du nicht so weit, geliebtes Erdenkind. Sehr bald aber wirst du es erkennen.

Werde ich es auch verstehen?

Hahaha. So typisch menschlich. Du kannst es nicht verstehen. Sicher möchtest du gerne wissen, warum du es nicht verstehen kannst, oder?

Wäre schon reizvoll, das zu wissen.

Woher kommt das Wort verstehen?

Ich würde sagen von Verstand. Das ist meine spontane Assoziation dazu.

Richtig. Das „Ich bin Ich" ist jedoch nicht mit dem Verstand zu erfassen. Nur mit dem Herzen, darum wirst du erkennen und nicht verstehen, wer du bist.
Zu deiner nächsten Frage: Was tue ich hier? Das ist einfach zu beantworten.

Ach ja, ist es das? Mir erscheint es eher schwierig. Ich versuche alles Mögliche hier, um meinen Platz und meine Aufgabe zu finden, aber ich habe das Gefühl, es nicht zu wissen.

Da ist es wieder, meine Liebe!

Was denn?

Wissen. Du kannst nicht wissen, warum du hier bist. Nicht auf der rationalen Ebene ist es erfassbar, sondern auf der geistseelischen Ebene. Du kannst fühlen, warum du da bist.

Und wenn ich auch nicht fühle, warum ich da bin?

Dann hilft dir das, was du tust im täglichen Leben, im Hier und Jetzt, zu erkennen, warum du da bist. Was tust du im Hier und Jetzt? Was sind deine Aufgaben?

Na ja, ich bin Mutter, Frau, Freundin, Künstlerin und Autorin. Ich bin auch Hundemama, wie ich immer so schön zu sagen pflege.

Ich habe viel erlebt und erfahren im Leben, das möchte ich gerne weitergeben an andere Menschen.

Du hast lange schon erkannt, warum du hier bist. Du hast Angst. Wobei diese Angst völlig unbegründet ist. Denkst du, wir würden dich auserwählen, um dich dann verhungern zu lassen? Du hast Angst um deine Existenz. Doch diese Existenz ist niemals in Gefahr. Lerne zu vertrauen. Dies ist eine deiner wichtigsten Lektionen hier auf dem Planeten. Du hast erfahren, was Misstrauen ist - in allen Bereichen. Nun ist es an der Zeit, zu erfahren, was Vertrauen ist. Dies ist jedoch nur eine deiner Aufgaben, die du hier auf dem Planeten zu erfüllen hast.
Eine weitere Aufgabe ist es, unser Wort zu verbreiten - trotz, bzw. gerade wegen deiner Zweifel. Es ist wichtig, dass du dafür sorgst, dass diese Worte andere Menschen erreichen, dies ist eine deiner Hauptaufgaben, warum du hier bist.

Eine? Wie viele hab ich denn (leicht geschockt)?

Mehrere. Jede Seele hat mehrere Aufgaben. Hättest du nur eine, so wäre dein Erdendasein womöglich ziemlich kurz. Oder die Aufgabe wäre so kompakt, dass du viele Erdenjahre dazu brauchen würdest, dir über die Erfahrungen klar zu werden.
Dein wichtigster Aspekt, dein Ausdruck, liegt in der Kraft des Wortes und des Bildes. Noch zweifelst du an diesen Fähigkeiten, ich kann dir das genau ansehen, aber der Tag wird kommen, an dem du es mit klarem Herzen erkennen wirst. Wenn dein Herz offen ist, meine Liebe, dann wird dein Auge anders sehen. Du wirst Dinge sehen, die du jeden Tag gesehen hast. Sie werden dir so vertraut erscheinen und doch werden sie in einem neuen Licht erstrahlen. Du wirst alles, was du um dich herum wahrnimmst, mit dem Herzen und nicht mit dem Verstand sehen. Dann hast du erfahren, was es bedeutet „Ich bin".

Oh Mann, klingt das philosophisch (Augen verdrehen).

Das ist nicht philosophisch, sondern schöpferisch.

Danke, jetzt hast du es mir aber gegeben. Ich fühle mich richtig gut, so belehrt - Meister.

Ja, Meister Kuthumi, so nennt man mich - was denkst du ge-
rade?

Na ja, ich bin mir nicht sicher, ob du nicht noch mit deinem
Ego verhaftet bist, wenn du mir voller Inbrunst erzählst, dass
man dich Meister Kuthumi nannte.

Das hat nichts mit Verhaftung des Egos zu tun. Es ist schlicht
und einfach eine Feststellung. Schon zu Lebzeiten war ich ein
Meister und heute bin ich ein aufgestiegener Meister. Wobei
die Bezeichnung zu Lebzeiten nicht zutreffend ist, da ich ja
auch jetzt lebe. Ich korrigiere mich und sage zu Zeiten meines
Erdendaseins, wobei wir nun wohl beim nächsten Thema an-
gelangt wären...

Ach ja, sind wir das? Wie heißt es denn?

Als ob du es nicht genau wüsstest. Wir sprechen über das Ego
des Menschen.

Oh Mann, ich kann es kaum erwarten, mich darüber mit dir zu
unterhalten.

Ich erkenne Ironie, wenn man sie mir entgegen schleudert!

Ja? Ich fand das gar nicht ironisch (grinsend).

Wie fandest du es denn, meine Liebe?

Sarkastisch, aber das ist auch nicht besser als ironisch.
Ja, ja, schon klar, es gibt kein besser oder schlechter.

Richtig, aber dazu kommen wir später, lass uns nun über den
Egoismus bzw. über euer Ego sprechen.
Wenn du unbedingt willst (Schulter zuckend).

Ja, ich möchte unbedingt.

Verhaftet sein im Ego

Ihr Menschen seid sehr verhaftet mit eurem Ego. Ihr klammert euch daran wie Ertrinkende an einen Strohhalm. Ihr habt tatsächlich Angst, wenn ihr euer Ego verliert, dass ihr untergeht.

Wer sagt, dass es nicht so ist? Und überhaupt, was definierst du unter Ego?

Ich sage es dir, denn wer wahrhaft sein Ego aufgibt, hat die Erleuchtung erreicht. Viele sind erleuchtet und sie sind nicht untergegangen. Nehmen wir nur einmal Gandhi. Soweit ich weiß, ist er nicht ertrunken oder?

Vielleicht kann er extrem gut schwimmen und sich somit über Wasser halten.

Haha, das war wirklich gut.

Freut mich, wenn du dich amüsierst. Aber nun mal im Ernst, was verstehst du unter dem menschlichen Ego? Ich für mich weiß es nicht so recht. Ich denke, es hat etwas mit meinen Wünschen und Ansprüchen zu tun, die ich an mich, meine Umwelt und die Menschen stelle. Kurz, das, was ich in meinem Leben erreichen möchte. So in etwa jedenfalls.

Ganz Unrecht hast du damit auch nicht. Auch dieser Teil gehört zu deinem Ego. Es ist der Teil, der dich glauben lässt, du könntest ohne all das, was du tust, nicht existieren. Er macht dir vor, du brauchst all das Geld, die Macht, dieses oder jenes Statussymbol, damit du wer bist. Aber das ist falsch: Du bist, wer du bist, weil du bist, wer du bist und nicht, weil du etwas besitzt, das dich zu dem macht, was du bist. Verstanden?

Öhm, ich glaube schon, ist nur jede Menge ich bin und überhaupt (Schulter zuckend).

Da hast du schon Recht - aber stelle dir vor, du wärst nur jemand, wenn du dieses oder jenes Auto besitzt. Wenn du ein

Haus in der besten Gegend deines Wohnviertels hast. Oder nehmen wir an, wenn du Summe X zur Verfügung hättest - dann bist du wer. Eine angesehene, geachtete und respektierte Person - glaubst du?

Ich fürchte, du wirst mir gleich einen Dämpfer verpassen oder?

Was passiert, wenn du all das morgen verlierst. Das Auto ist Schrott, das Geld verloren, das Haus abgebrannt und keine Versicherung - wer bist du dann?

Ein armer Schlucker (grins).

Du würdest dein Ansehen verlieren, weil du dein Gut verloren hättest. Das, meine Liebe, das ist im Ego verhaftet sein. Du bist zu jeder Zeit, in jedem Moment, du kannst nie nicht sein. Du bist du, weil du bist, wie du bist!

Oh man, sehr viel „bist" und so, das dauert ein bisschen, bis ich das so richtig verstanden habe - glaube ich. Das ist mir ein klein bisschen zu viel „ich bin". Ich weiß ja nicht mal richtig, wer oder was ich bin (Augen verdrehen).

Ja, du bist auf der Suche nach dir. Um dich zu finden, musst du aber lernen, dein Ego loszulassen und dem Göttlichen zu vertrauen. Es wird immer für dich gesorgt werden. Immer. Gott lässt keines seiner Geschöpfe im Stich. Manchmal erscheint die Hilfe und Versorgung anders, als man es sich wünscht oder vorstellt, aber sie erscheint und nur das ist es, was zählt.
Solange du nur im Ego verhaftet bist, wirst du das nicht wirklich wahrnehmen. Das, was du hast, wird dir nicht genug sein, weil dein Ego nach immer mehr verlangt. Es will immer mehr. Es muss immer besser, schöner, wertvoller und sonst etwas sein, damit dein Ego befriedigt wird. Wie du richtig gehört hast, ist dein Ego dann befriedigt, nicht aber deine Seele.

Weißt du, das ist nicht ganz so einfach in dieser materiellen Welt, in der wir leben. Hier braucht nun einmal jeder einen bestimmten Betrag und bestimmte Dinge zum Leben.

Du meinst, du würdest es brauchen. So, wie du vor einiger Zeit immer dachtest, du brauchst ganz dringend einen Fernseher, ohne Fernseher wäre dein Leben gar nutzlos. Wie oft schaust du fern in der letzten Zeit? Wie dringend benötigst du dieses Gerät?

Okay, den Fernseher brauche ich nicht unbedingt, aber es ist trotzdem schön, dass ich ihn habe. So kann ich ihn nutzen, wenn ich es möchte.

Siehst du. Hier hat dein Ego ein Stück weit losgelassen. Du kannst sein auch ohne das Gerät. Deine Existenz hängt nicht von diesem Gerät ab.

Irgendwie verstehe ich, was du sagst - aber irgendwie verstehe ich auch überhaupt nichts. Seltsam.
Gar nicht seltsam. Der Teil von dir, der versteht, ist deine Seele. Sie ist losgelöst von deinem Ego. Der Teil, der nicht versteht, ist dein Ego. Es ist sehr fest mit dem Verstand verbunden. Sie bilden eine Einheit. Das Ego will und will und will und der Verstand kann rational begründen warum. Die Seele will nichts. Sie geht einen Schritt nach dem anderen ohne wollen – so, wie es im Plan vorgesehen ist.

Ich weiß nicht, ob ich es deswegen jetzt besser verstehe, wenn ich ehrlich bin.

Das macht nichts. Dies ist kein Buch oder Dialog, den du dir sofort und für immer merken musst. Im Gegenteil. Es ist wichtig und gut, das Buch immer mal wieder zu lesen. Deine Ansichten und Erkenntnisse werden sich bei jedem Lesen verändern. Je mehr du vom Verstand, also vom Ego, wegkommst, desto mehr wirst du beim wiederholten Lesen erkennen, weil du mit dem Herzen erkennen und nicht mit dem Verstand verstehen wirst.

*Lass dir Zeit, das muss nicht von heute auf morgen gesche-
hen, das ist ein Entwicklungsprozess, der für jedes Wesen in
einer anderen Geschwindigkeit abläuft. Bzw., es läuft in der
Geschwindigkeit ab, in der es im Plan festgehalten ist.*

Und wie löse ich mich nun von meinem Ego?

*Langsam und mit Geduld. Du musst Geduld mit dir haben,
bzw. dich in Geduld üben. Alles braucht seine Zeit, wenn
Dinge zu schnell geschehen, kann es sein, dass man sie nicht
erkennt und darüber hinweggeht. Das ist nicht im Sinne des
Allmächtigen. Ihr seid alle hier, um zu lernen.*
Geduld ist ja einer meiner größten Stärken, die ich besitze. Da
kann ich mich ja so etwas von gut drin üben. Meine Herren,
Geduld ist mein zweiter Vorname.
Wie schön, dass du dich hinter oder besser gesagt neben mir
vor Lachen kugelst. Wenn es mir nicht zu unpassend erschei-
nen würde, wäre ich jetzt wohl beleidigt. Pah.

*Was glaubst du, warum du so viele Aufgaben erhältst, die mit
Geduld zu tun haben?*

Na, weil ich so umwerfend gut darin bin. Ist doch sonnenklar
(Augen verdrehen).

Ja, ganz bestimmt.

Ich weiß genau, warum das so ist - ich bin aber noch nicht soweit. Ich muss das tatsächlich noch üben.

Über was würdest du den gerne reden?

Freundschaft, ich würde gerne über Freundschaft reden.

Gut, dann sprechen wir über Freundschaft.

Freundschaft

Freundschaft - was versteht man wohl darunter? Kannst du mir deine Sicht der Freundschaft schildern?

Klar, kann ich das. Für mich bedeutet Freundschaft, dass man mich so akzeptiert wie ich bin.

Interessante Feststellung.

Es bedeutet für mich, der andere Mensch sieht Teile von mir, die ich sonst nicht jedem zeige. Er kennt mich in einer Art und Weise, wie Bekannte mich nie kennen würden. Eine Freundin steht mir nahe. Ich erzähle ihr Geheimnisse. Ich lasse mich trösten und tröste. Ich höre zu und man hört mir zu. Eine Freundin interessiert sich für das, was ich sage. Sie muss sich nicht dauernd in den Mittelpunkt drängen, um wichtig zu sein.

Du kennst solche Menschen zu Genüge, nicht wahr?

Ja, tue ich.

Was glaubst du, warum dir so viele Menschen mit dieser Eigenschaft begegnen?

Keine Ahnung. Vielleicht tue ich etwas Ähnliches, oder das Gleiche und sie halten mir den Spiegel hin, damit ich es erkenne. Oder aber, ich soll meinen Egoismus ablegen und mich mehr um die Bedürfnisse anderer kümmern. Vielleicht bin ich zu sehr mit mir selbst beschäftigt. Eine dritte Variante hätte ich auch noch anzubieten. Vielleicht muss ich an diesen Menschen etwas wieder gut machen. Es ist eine interessante Frage. Sie regt zum Nachdenken an.

Darauf kommt es an, dass du über dich selbst reflektierst, damit du erkennen kannst, wer du bist.

Wenn du nun wieder sagst: Ich bin, wer ich bin, weil ich bin, wer ich bin muss ich dir sagen, das hat mich noch nicht weiter gebracht.

Womit wir wieder bei deiner Lernaufgabe Geduld wären.

Danke, die Botschaft ist angekommen. Zu gegebener Zeit werde ich dann wohl erkennen, wer ich bin. Können wir nun wieder zurück zur Freundschaft kommen?

Das alles hat mit dem Thema Freundschaft zu tun, meine Liebe?

Inwiefern, wenn ich fragen darf, hängt das mit Freundschaft zusammen?

Freundschaft findet in allererster Line auf der Seelenebene statt. Man hat sich schon lange, bevor man auf den Planeten kam, dazu bereit erklärt, dem anderen in gewisser Weise zu dienen. Manchmal hält die andere Seele, wie du schon gesagt hast, einen Spiegel in der Hand. Manchmal bringt sie einfach nur Lernaufgaben mit, die der Seele in ihrer Weiterentwicklung dienlich sind. Die schwierigsten Freundschaften sind häufig die, deren Seelen am engsten miteinander verbunden sind. Ein Freund, der dir immer wieder einen Spiegel vorhält, hat sich einer sehr wichtigen Aufgabe für dich angenommen. Es ist nicht leicht für die Seelen, da sie sich nicht zu erkennen bzw. den Plan nicht offen legen können. Verstehst du, was ich meine?

Nicht ganz. Ich denke, es ist auf der Ebene als Mensch sehr schwierig, weil man vieles, was geschieht, nicht unbedingt verstehen oder nachvollziehen kann. Manchmal ist man so frustriert, dass man sich distanziert und zurückzieht. Auf der menschlichen Ebene ist mir nicht bewusst, was meine Seele möchte bzw. braucht oder zu lernen und zu verstehen hat. Ich versuche, an meinen Beziehungen zu wachsen und sie zu vertiefen. Ich kann nicht so gut vertrauen. Das sind Bereiche, die mir sehr schwer fallen.

Deine Seele hat sich gerade im zwischenmenschlichen Bereich eine sehr große Lernaufgabe gewählt. Du würdest wohl eher schwierig sagen. Im Grunde werden Trennungen verur-

sacht. Die Seele will nun herausfinden, ob ein Zusammenführen möglich ist. Die Trennung ist sehr groß und es ist keine leichte Aufgabe.

Falls du auf meine Herkunftsfamilie anspielst, darüber möchte ich nicht sprechen. Das hat nichts mit Freundschaft zu tun.

Gut, lassen wir das erst einmal. Kehren wir zurück zur Freundschaft. In einer Freundschaft geht es, wie gesagt, in der Hauptsache darum, dass der andere etwas lernen und erfahren kann. Grundsätzlich ist alles, was erfahren wird, neutral. Ich verwende dieses Wort, damit du verstehst, dass für uns alles gleich wichtig ist. Es gibt keine guten oder schlechten Erfahrungen – es gibt nur Erfahrungen. Das Ergebnis deiner Erfahrungen bringt dich immer weiter. Natürlich sind auch besonders schöne Erfahrungen in der Freundschaft vorhanden, wenn man einmal nach eurem Wertesystem vorgeht – wobei, wie gesagt, es gibt keine Wertung.

Das heißt also, wenn meine Freundin sich anders verhält, als ich erwarte, heißt das noch lange nicht, dass dies falsch oder schlecht ist. Ich erfahre nur eine Reaktion auf eine bestimmte Aktion.

Richtig ist, du erhältst eine Reaktion auf eine Aktion. Du erfährst etwas aus dem jeweiligen Verhalten. Du selbst wirst bestimmen, wie es weitergeht. Selbst, wenn ihr euch für eine Weile trennt und jeder in eine andere Richtung geht, ist das in Ordnung. Es ist nur eine Erfahrung. Eine wirkliche Trennung existiert sowieso nicht. Die Seelen sind immer und überall miteinander verbunden. Darum heißt es ja auch Seelenfamilie, Seelenverwandtschaft, Dualseele oder eben Seelenfreundschaft, weil dieses Band unzertrennlich ist. Du kannst im Grunde nichts tun, um dieses Band für immer zu durchtrennen. Alles, was ihr hier gemeinsam erlebt, habt ihr schon vor langer Zeit miteinander ausgemacht. Gegenseitig gebt ihr euch die Möglichkeit, verschiedene Aspekte zu erfahren.

Ich finde das ziemlich verwirrend. Man ist befreundet und man erwartet bestimmte Dinge voneinander. Ich meine, mein Gegenüber hat ja auch Erwartungen an mich als Freundin. Verschwiegenheit, Vertrauen, Emotionalität, Zusammengehörigkeitsgefühl, füreinander da sein, usw. Wenn ich diese Erwartungen nicht erfülle, muss ich ja auch meine Konsequenzen daraus tragen.

Ich sehe, du musst auf dem Sektor Freundschaft noch viel erfahren und lernen, damit du erkennen kannst, welche Bedeutung diese Erfahrungen für dich haben.

Ich kann nicht behaupten, dass mich das weiterbringt, was du sagst.

Andere verstehen es und auch du wirst es irgendwann in seiner vollen Wirkung erfassen. Wieder andere sind noch sehr viel weiter entfernt von diesem Entwicklungsziel. Es braucht eben bestimmte Erfahrungen, um alles aus dem Gesamt-Blickwinkel zu sehen. Stell dir vor, du stehst in der Mitte einer Kreuzung. Nun kannst du vor dich sehen, auch ein bisschen nach links und rechts, aber nicht nach hinten. Wenn du nach hinten sehen willst, musst du dich umdrehen, dann wiederum kannst du den Rest nicht vollkommen sehen. Im Erdendasein ist es so, dass du dich zu jeder Straße hinwendest, um genau hineinzusehen. Irgendwann hast du alle Straßen gesehen. Du kannst dir einen größeren Überblick verschaffen, indem du deine Erfahrungen, bzw. deine Sichtweisen, zusammenträgst. Wir hier schweben sozusagen über der Kreuzung. Uns ist es möglich, alles mit einem Blick, also einer Erfahrung, zu sehen, erfassen und zu erkennen. Manchen Seelen ist es sogar möglich, für kurze Zeit diesen Zustand zu erreichen. Ihr nennt es dann Erleuchtung. Einige sehr weise und uralte Seelen bleiben den Rest ihres Erdendaseins erleuchtet, um anderen diese Erfahrung näher zu bringen. Einige machen diese Erfahrungen überhaupt nicht in diesem Leben. Möglich ist es für alle - doch jede Seele entscheidet, bevor sie auf die Erde kommt, was sie erfahren möchte.

Und was hat das jetzt mit Freundschaft zu tun?

Ich sehe, du willst es ganz genau wissen.

Ja, ich möchte es wissen und verstehen - oder, wie du sagen würdest, erkennen. Wahrscheinlich ist das ja wieder so eine Gefühlsangelegenheit, die nicht mit dem Verstand zu erfassen, also auch nicht zu verstehen ist, oder?

Richtig. Das hast du schon erkannt. Siehst du, wieder einen Schritt weiter.

Ich freue mich, wenn du dich freust.

Eine Freundschaft ist eine Kreuzung mit sehr, sehr vielen Straßen. Du musst ständig in Bewegung bleiben, um dir einen Überblick zu verschaffen. Da es so viele Straßen sind, ist es dir nicht möglich, alles im rechten Licht zu sehen. Ihr habt, wie gesagt, lange vor eurer Zeit vereinbart, wie viele Straßen es geben wird. Wenn du alle Erfahrungen gemacht hast, wirst du die Kreuzung von oben sehen und alles verstehen. Du wirst der anderen Seele dankbar sein für alle Erfahrungen. Alle Erfahrungen werden wichtig und wertvoll sein. Du musst dann nicht mehr bewerten. Jetzt tust du das noch. Du wertest, was gut und schlecht ist in der Freundschaft. Was gut und schlecht ist an dem anderen Menschen - auch das gehört zu deiner selbstgewählten Erfahrung. Doch irgendwann wirst du erkennen, dass Freundschaft nichts mit der Person an sich, sondern nur mit den Erfahrungen zu tun hat. Du wirst erkennen, dass alle Erfahrungen wichtig für deine Weiterentwicklung waren. In diesem Moment erkennst du die Seele, die sich in der Person befindet.

Okay, das heißt, meine Freundin tut etwas, was mir nicht gefällt (ich werte ja noch), ich werde mich nicht abwenden, sondern versuchen, diese Erfahrung positiv zu sehen, da es ja eine Erfahrung an sich war - auch, wenn ich sie mir anders vorgestellt oder gewünscht hätte. Man bleibt einfach zusammen und gut ist?

Wenn ihr es so wählt, ja. Es kann aber genauso gut sein, dass du dich abwendest und dann ist auch das in Ordnung, weil auch dies eine Erfahrung ist. Du möchtest ein Patentrezept für Freundschaft von mir...

Anmerkung: Ich grinse und fühle mich ertappt.

Das kannst du nicht bekommen. Seelenverbindungen sind individuell. Wir sind alle eins und doch ist jeder von uns individuell.

Schade, kein Rezept für mich. Mist, ich dachte, ich fühle mich dann nicht mehr so oft als Niete im Bereich Freundin.

Damit kann ich dir leider nicht dienen. Aber, wenn du eine solche Niete wärst, wie du annimmst, glaubst du, deine Freundinnen würden dann mit dir befreundet sein?

Das ist jetzt ziemlich gemein. Die Frage stelle ich mir selber immer und kann sie nicht richtig beantworten, wenn du mir die jetzt auch noch stellst, fühle ich mich nicht unbedingt besser.

Versuche bitte, sie zu beantworten. Was glaubst du - wären sie mit dir verbunden? Ihre Seelen, nicht ihre Körper?

Nein, ich denke nicht. Ich denke, wir lernen alle voneinander. Es ist nicht immer einfach (ich werte mal wieder), aber wir versuchen es zumindest. Jeder macht auf verschiedenen Wegen seine Erfahrungen. Man spürt auch, dass es besondere Verbindungen sind. Zumindest gehe ich davon aus, dass auch die anderen das spüren.

Du bist dem ganzen wieder ein Stück näher gekommen. Ja, das was du denkst, ist richtig.

Woher willst du wissen, was ich denke?

Soll ich dir sagen, was du denkst?

Ja, komm, sag es mir (grins).

Manchmal gehen wir ein Stück des Weges gemeinsam und manchmal trennen sich unsere Wege. Vielleicht führen sie eines Tages wieder zusammen, wenn nicht, hat es auch seine Richtigkeit so. In der Ewigkeit werden wir für immer verbunden sein.

Respekt - ich hätte es nicht schöner und treffender formulieren können.

Lass uns hier das Kapitel Freundschaft abschließen und uns etwas anderem zuwenden.

Wie du möchtest.

Aufstieg

Alle sprechen vom Aufstieg der Erde. Für mich sieht es derzeit eher wie ein Abstieg aus. Es erweckt in mir das Gefühl, dass alles, was einmal von Wert gewesen ist, verschwindet. Wir zerstören uns gegenseitig und unseren Planeten, wie kann da die Rede von Aufstieg sein?

Wie stellst du dir den Aufstieg der Erde vor?

Na ja, ich dachte, es wird besser. Die Menschen leben in Frieden miteinander. Kein Hunger, keine Armut, kein Krieg mehr. Das Morden hört auf. Die Gewalt zieht sich zurück - all das stellte ich mir unter Aufstieg vor. Ich habe Bücher zu diesem Thema gelesen und es klang wunderschön und beängstigend zugleich. Da war die Rede vom Aufstieg und dass die Seelen sich vorbereiten, da war aber auch die Rede davon, dass nicht alle Seelen mit der Erde gemeinsam aufsteigen.

Das ist richtig so, also, was den Auf- und Abstieg der Seelen betrifft. Nicht jede Seele hat diese Erfahrung in ihrem Lebensplan enthalten.

Ja, aber was geschieht mit diesen Seelen? Sterben diese Menschen - oder wie stelle ich mir das vor? Wird es ein Abbild der Erde geben, das hier in dieser Dimension verweilt, während das andere mit den anderen Seelen aufsteigt? Das wäre aber eigenartig, oder? Dann würden diese Menschen und Seelen ja in der anderen Dimension fehlen. Oder aber ist es dann ein Parallelleben? Kann ich mir auch nicht so vorstellen. Kannst du etwas dazu sagen?

Als erstes einmal ist es sehr interessant, welche Gedanken du dir dazu gemacht hast. Und das mit dem Abbild der Erde wäre sicher eine Möglichkeit gewesen. Durch die von dir genannten Gründe wäre dies aber nicht möglich gewesen.
Ein Leben im Paralleluniversum ist hier nicht geplant, auch, wenn diese Möglichkeit durchaus bestanden hätte. Der Aufstieg der Erde gestaltet sich etwas anders, als du ihn dir vorgestellt hast.

Es wird nicht so sein, dass die Erde plötzlich verschwindet und sich vollkommen verändert. Im Gegenteil, die Erde bleibt da, wo sie ist. Nur ihre Schwingung wird sich verändern. Sie wird näher zum Licht kommen.

Auch werden die Menschen nicht einfach wegsterben und die Seelen verschwinden. Jede Seele hat ihren Auf- oder Abstieg geplant. Es ist ein Entwicklungsschritt gleich der Erleuchtung.
Die Seelen, die den Plan erkennen, verhelfen der Erde zu leichteren Schwingungen. Die Kriege werden deshalb nicht aufhören, auch das Töten und Rauben nicht. Dies sind gewählte Erfahrungen dieser Seelen, das gehört zu ihrem Entwicklungsplan. Das hat nichts mit dem Aufstieg der Erde zu tun. Hier geht es lediglich um die Schwingung der Erde. Die Erde bereitet sich auf ihre Heilung vor, nur darum geht es. Der Planet ist seit Jahrmillionen bevölkert. Die Erde hat alles gegeben, was sie hatte. Langsam enden die Ressourcen des Planeten.

Wenn eine höhere Schwingung entsteht, kann der Planet leichter seine Selbstheilungskräfte aktivieren. Genauso wie du, wenn du dein Energiefeld reinigst oder mit Lichtübungen stärkst. Verstehst du, was ich meine? Es ist kein Urknall oder Untergang der Welt zu erwarten. Es ist kein lautes Umwandeln. Es geschieht eher still und leise. Langsam und bedacht. Die Erde hat sich viele Jahre darauf vorbereitet.

Irgendwie hatte ich eine völlig falsche - okay, ich korrigiere mich - eine völlig andere Vorstellung davon. Ich dachte wirklich, wir leben danach alle friedlich und in Harmonie. Einer respektiert den anderen, so wie er ist. Kein Krieg, keine Hungersnot usw. Schade, die Vorstellung gefiel mir.

Indem du es dir vorstellst, das Bild immer in deinem Gedächtnis bzw. in deinem Herzen bewegst, dadurch gewinnt es an Realität. Ihr gestaltet eure Realität durch die Erfahrungen, die ihr wählt.

*Eines Tages wird es sicher so sein, wie du es dir vorstellst, doch
alle Seelen haben das Recht, ihre Erfahrungen zu machen.
Möchtest du noch etwas zu diesem Thema wissen?*

Weiß nicht. Ich glaube im Moment reicht mir das, was ich erfahren haben. Ich weiß jetzt nicht so genau, wie ich mich damit fühlen soll.

Dann lass uns doch über Gefühle sprechen.

Gefühle

Das ist auch so ein Lieblingsthema von mir. Kann man gar nicht genug davon bekommen.

Wieso?

Ist das dein Ernst? Diese Frage, meine ich?

Ja, sonst hätte ich ja nicht gefragt, oder?

Na ja, das mit den Gefühlen ist so eine Sache. Entweder, man hat jede Menge davon, oder gar keine. Wenn man keine hat, wünscht man sich, man hätte welche, damit man weiß, wie es ist. Tja, und wenn man sie hat, wünscht man sich, man hätte keine, damit der Schmerz nicht zu groß ist. Wer soll damit schon klar kommen? Ich finde es sehr schwierig, damit umzugehen. Wann sind welche Gefühle angebracht? Wann ist es in Ordnung, sich seinen Gefühlen hinzugeben? Wer legt fest, wann welches Gefühl richtig oder falsch ist? Warum muss ich so fühlen, wie ich fühle? Was lerne ich daraus und, und, und. Verstehst du mein Durcheinander?

Entschuldige, wenn ich lache, aber das ist wieder einmal typisch menschlich.

Na, herzlichen Dank, dass du nicht gesagt hast, das wäre typisch ich.

(Augen zwinkernd) Ich habe nicht gesagt, dass es nicht so wäre, oder?
Im Grunde genommen ist es ganz einfach.

Ach ja, das ist mir noch nicht aufgefallen.

Gefühle sind. Es gibt keine Bestimmung dafür. Es gibt auch keine Bewertung, welches Gefühl wann richtig und wann falsch ist. Jedes Gefühl ist in jedem Moment, in dem du es empfindest, angebracht. Was dein Gegenüber daraus macht, ist seine Sache.

Oh ja, sag das mal meinem Mann, wenn ich ihn grundlos anpflaume, nur weil mir gerade danach ist. Ich könnte sagen: „Hey, jedes Gefühl ist in jedem Moment angebracht, stell dich nicht so an." Ich glaube, er fände es nur halb so gut wie ich.

Das mag sein und trotzdem ist es so. Ein Gefühl ist ein Seinszustand, jetzt in diesem Moment. Hier. Darauf kommt es an. Im Hier und Jetzt zu sein, bedeutet auch, die Gefühle, die man hat, zu erleben, auszudrücken und seine Erfahrungen damit zu machen. Selbst, wenn du sie unterdrückst, machst du eine Erfahrung damit.

Manchmal klingt es so, als wäre es irgendwie völlig egal, was man tut. Alles scheint immer und in jedem Moment richtig zu sein.

Alles ist in jedem Moment. Es gibt kein Richtig und kein Falsch. Das ist eine Wertung. Es zu erfahren, bedeutet, es zu sein. Das ist es, worauf es ankommt: Das Sein!
Wenn du jetzt traurig bist, dann sei es. Weine, schreie, tobe oder setze dich still in die Ecke – so, wie du deine Traurigkeit ausdrückst. Du bist es, weil du im Sein bist, wenn du es tust.
Wenn du glücklich bist und lachen möchtest - dann sei es, jetzt in diesem Augenblick.
Wenn du wütend bist, dann sei auch das - jetzt - hier - in diesem Moment. Sei, was du bist - das ist die Botschaft der Gefühle.

Okay. (Augen verdrehend, auf der Unterlippe kauend.) Ich fühle mich etwas verunsichert, aber das ändert sich bestimmt, wenn ich mich erst an den Gedanken gewöhnt hab. Was ist mit der Gesellschaft?

Was soll mit der Gesellschaft sein?

Na ja, wenn ich meine Gefühle immer schön ausdrücke, könnte ich einige Menschen damit erschrecken. Stell dir vor, ich laufe durch die Fußgängerzone, die angefüllt ist mit Menschen und ich bekomme einen Heulkrampf, weil ich traurig bin.

Na und?

Ja, du sagst „na und". Hast du schon einmal mitbekommen, wie die Menschen dich dann ansehen? Als kämst du frisch aus der Klapse oder man müsste dich dringend dahin bringen.

Wer sagt das?

Wie meinst du das?

Wer sagt in einem solchen Moment, dass du in die Klapse gehörst oder dort entsprungen bist?

Niemand!

Wie kommst du dann darauf?

Ach, das weiß man doch!?

Woher?

Was? Was sollen die ganzen Fragen?

Na, du musst doch wissen, woher du das weißt. Vielleicht denken die Menschen in diesem Moment etwas völlig Anderes wie das, was du erwartest.

Danke: Nun bin ich komplett verunsichert. Das hat mir ja so geholfen. Irgendwie hab ich das Gefühl, unsere Gespräche wühlen mich auf.

Das sollen sie auch. Sie sollen dich erkennen lassen, dass vieles nicht so ist, wie es scheint. Dazu muss man aber hinter den Vorhang blicken. Hinter dem Vorhang ist häufig etwas völlig Anderes zu finden. Wer sagt dir, dass die Menschen in diesem Moment nicht mit dir fühlen, deinen Schmerz teilen und froh sind, dass du ihn so gut zum Ausdruck bringen kannst. Solche Gefühlsausbrüche - wie ihr sie nennt - dienen sehr häufig der

Transformation, doch dies wird ein anderes Kapitel im Buch sein. Nur soviel, manchmal kann man mit einem Gefühlsausdruck mehr heilen, als man erwartet. Aus all diesen Gründen ist es so wichtig, dass ihr seid und nicht so tut, als würdet ihr sein. Verstehst du was ich sage?

Ja, zum ersten Mal, seit wir zusammen sind, habe ich tatsächlich etwas erkannt. Die Frage ist nur, ob ich es schaffen werde, das Erkannte umzusetzen.

Das, meine Liebe, ist ein Teil deiner Lernaufgabe in diesem Leben.

Mir ist, als hätte ich das schon geahnt. Hab ich auch ein paar tolle Sachen dabei? Oder nur so Anstrengende?

Hahaha, hahaha, du hast dir diese Aufgaben ausgesucht, nicht ich, meine Liebe.

Freut mich ungemein, wenn du dich amüsierst. Ich werde gleich meiner Freude Ausdruck verleihen, indem ich meine Augen bis zum Himmel verdrehe.

Findest du nicht, dass das eine seltsame Art ist, seine Freude auszudrücken.

Ha, ich hab dich erwischt.

Bei was hast du mich erwischt?

Beim Werten. Du fragtest, ob es nicht eine seltsame Art wäre. Es gibt nicht seltsam und unseltsam - es gibt nur der Freude Ausdruck verleihen.

Ich fürchte, das Wort unseltsam wurde soeben von dir geboren. Jedenfalls hab ich es in noch keiner Sprache vernommen und da ich schon einige Leben gelebt habe, weiß ich, was ich sage.

Tja, wie sagt man so schön, alles hat seine Geburtsstunde. Dies ist die Geburtsstunde von dem Wort unseltsam.

Lass uns über die Gefühle, die du kennst, sprechen.

Gut ich kenne: Freude, Trauer, Sehnsucht, Hoffnungslosigkeit, Angst, Einsamkeit, Misstrauen, Hass, Liebe zu einem bestimmten Grad in bestimmten Bereichen, Hingabe in bestimmten Bereichen, Selbstvergessenheit in bestimmten Bereichen, Minderwertigkeit, Vertrauen in bestimmten Maße, Hilflosigkeit, Verzweiflung.

Was glaubst du, fehlt dir in deinem Emotionalkörper? Welche Gefühle möchtest du noch erfahren?

Bedingungslose Liebe, absolutes Vertrauen, Einsein, Geborgenheit, Sicherheit, Verschmelzung, Selbstvertrauen. Ich glaube, das wären so die wichtigsten Erfahrungen, die ich gerne machen würde.

Wie könntest du das erreichen?

Wenn ich das wüsste. Ich versuche es immer wieder, doch meist endet es in einer Enttäuschung, bzw. in einer Erfahrung, die ich mir so nicht vorgestellt hatte. Im Prinzip erfahre ich häufig immer und immer wieder die Gefühle, die ich schon kenne.

Lässt du zu, dass du andere Gefühle kennen lernst?

Weiß nicht. Vielleicht nicht bewusst. Vielleicht ist meine Angst vor Verletzung so stark, dass ich mich eher verschließe als öffne.

Was sagt dir das?

Dass ich lernen sollte, mich zu öffnen. Ich fürchte, dass dies ebenfalls eine von den schwierigen Lernaufgaben ist.

*Du bist auf einem guten Weg, doch sage ich dir auch, du soll-
test diese Erfahrungen nicht nur auf den geistigen Bereich be-
schränken. Wir freuen uns sehr darüber, dass du uns als Kanal
zur Verfügung stehst, doch solltest du auch Menschen an deinen Erfahrungen teilhaben lassen.*

Oh, jetzt wird es wieder kompliziert. Ich hab da so meine Probleme mit den Menschen. Es fällt mir sehr schwer, sie an mich
heran zu lassen. Ich bin eher so eine Art Eremit.

*Du kannst auch von Zeit zu Zeit ein Eremit sein. Die Erleuch-
tung braucht Phasen der Selbstbesinnung, doch bist du auf
der Erde, um deine Erfahrungen im irdischen Bereich zu machen. Verschmelzung und bedingungslose Liebe erhältst du
vom Göttlichen. Keine Seele ist so perfekt, dass sie dir das im
Erdendasein geben kann. Wäre sie dies so, wäre sie nicht auf
der Erde, bzw. wenn sie es ist, fällt ihre Liebe anders aus, als du
es erwartest.*

Irgendwie löst das eine gewisse Traurigkeit in mir aus. Das Gefühl, etwas Wichtiges hier nicht erfahren oder erleben zu können.

*Du kannst es erleben - jedoch nur in einem zeitlich begrenz-
ten Rahmen. Du bist als Verkünderin ausgewählt und nicht als
Novizin oder Nonne. Diese Seelen haben ihr Tun dem Göttlichen gewidmet während ihrer Erdenzeit. Das ist die Erfahrung, die diese Seelen machen möchten. Du hingegen
möchtest etwas anderes erfahren. Also, muss der Wunsch
nach Verschmelzung etwas zurückstecken. Kannst du mit diesem Gefühl umgehen?*

Ja, kann ich. Schließlich habe ich diese Möglichkeit der Kommunikation. Sie ermöglicht es mir, meine Sehnsucht zu einem
gewissen Teil zu befriedigen. Hier kann ich glücklich sein. Hier
erfahre ich in diesem Tun die Einheit mit Gott und der geistigen Welt. Ich möchte auch noch das Erdenleben erfahren -
ich weiß, dass dies einer meiner innigsten Erfahrungswünsche
ist und er wurde mir gewährt, sonst wäre ich ja nicht hier.

Hier überkommt mich das Gefühl von Dankbarkeit. Dankbar sein dafür, dass mir dies vergönnt ist. Dass ich dies tun kann und mich auf diese Weise nähren kann.

Wenn ich die Augen schließe, dann sehe ich die Heimat. Die Heimat, aus der ich komme. Ich fühle mich leicht und frei. Nichts kann mich festhalten, ich kann mich frei bewegen. Ich frage mich, ob ich mich hier auch einmal so frei gefühlt habe oder so frei fühlen werde?

Kleinere Augenblicke dieser Art hast du schon erlebt. Du hast sie nur vergessen. Du musst sie dir erneut bewusst machen. Wenn du sie fühlst, dann solltest du sie sein, damit sie sich in dir manifestieren können und so ein fester Bestandteil deiner Erfahrungen sind. Die Seele wird diese Erfahrungen alle speichern und so wird der Kreislauf fortgeführt.

Was denkst du gerade?

Na ja, dass Gefühle nicht so schlecht sind, wie ich immer dachte. Dass es wohl eher die Verknüpfungen sind, die nicht dem entsprechen, was ich mir vorgestellt habe. Wenn ich die Gefühle als das betrachte, was sie sind - dann sind es einfach nur Gefühle. Jede Situation erfordert ein bestimmtes Gefühl. Es gibt kein richtiges oder falsches Gefühl. Auch unangebrachte Gefühle gibt es nicht - es sind einfach nur Gefühle. Ich hatte das noch nie so gesehen.

Tja, meine Liebe, nun beginnst du zu erkennen. Ein weiterer Schritt in deiner Entwicklung.

Dein Kleid

Weißt du, wovon ich spreche, wenn ich dein Kleid sage?

Ich fürchte ich weiß, wovon du sprichst.

Wieso sagst du, du fürchtest? Hast du Angst vor diesem Gespräch?

Angst ist nicht das entsprechende Wort.

Oh, da achtet jemand auf seine Wortwahl.

Wie auch immer, das Thema ist mir unangenehm. Es geht hier um den menschlichen Körper.

Ja, im Allgemeinen geht es um den menschlichen Körper. Speziell geht es um deinen Körper.

Siehst du, das ist es, was ich vermeiden wollte. Ich spreche nicht gerne über meinen Körper.

Warum nicht?

Er ist nicht unbedingt das, was ich schön nennen würde.

Du verurteilst deinen Körper. Entschuldige bitte die Wertung, doch es scheint genauso zu sein.

Ja, so ist es auch. Die meiste Zeit über bin ich unzufrieden mit ihm. Sicher ich, weiß, ich brauche ihn und er tut sehr viel für mich, aber ich mag ihn irgendwie nicht.

Du kannst auf der Erde nur in einem Körper existieren. Alle Erfahrungen sind nur möglich, weil die Seele diesen wunderbaren Körper als Haus nutzen kann. Ohne dieses Haus gäbe es kein Leben auf der Erde. Nicht in diesem Sinne, wie ihr es führt. Dein Körper ist ein Wunderwerk der Natur in perfektem Zusammenspiel mit dem Göttlichen. Hast du dir einmal überlegt,

*was dein Körper alles für dich tut? Deine Organe arbeiten Tag
und Nacht unermüdlich für dich. Sie gönnen sich keine Pause.
Durch ihre Hingabe kann deine Seele ihre Erfahrungen hier
auf dem Planeten machen. Er trägt dich an jeden Ort, an
den du gelangen möchtest. Seine Feinheiten wie Hände,
Ohren, Füße, Stimme, Augen usw. geben dir die Möglichkeit,
dich auszudrücken. Wie würdest du Sprache ohne Stimme
umsetzen? Gebärdensprache denkst du? Doch auch sie besteht aus Lauten, die in Formen umgewandelt wurden. Deine
Hände erlauben dir zu schreiben und zu malen. Sicher, hättest
du die Hände nicht, so tätest du es mit den Füßen - doch wie
würdest du es ohne Körper tun?
Die Seele ist reine Energie. Eine Lichtgestalt, die den Körper
zum Sammeln von Erfahrungen braucht.
Nicht dein Körper wählt deine Erfahrungen, sondern deine
Seele. Der Körper dient lediglich als Medium, als Brücke sozusagen. Verstehst du, worauf ich hinaus möchte?*

Ja, ich verstehe, worauf du hinaus möchtest, doch bin ich mir
nicht sicher, ob die Erkenntnis, die du hast, sich mit meiner
deckt. Eigentlich bin ich mir ganz sicher, dass es nicht so ist.
Ich habe diese Lernaufgabe noch nicht abgeschlossen, ich
stecke noch mittendrin.

*Du bist weiter, als du vermutest. Stelle die Frage, die dir auf
der Seele brennt (lächelt).*
Okay. Warum sehe ich so aus, wie ich aussehe? Warum verändert sich mein Körper ständig? Warum verändert er sich
nicht zum Positiven?

Positiv bedeutet in deinem Fall schlank nicht wahr`?

Ja. Nicht gertenschlank oder verhungert, aber auch nicht so
rund, wie er jetzt ist.

*Es gibt mehrere Gründe, warum dein Körper sich kontinuier-
lich verändert. Zum einen ist das bei allen Lebewesen so. Du
musst nicht die Augen verdrehen, aber es steht dir frei, es zu
tun, wenn du es möchtest.*

Dann ist es in deinem speziellen Fall so, dass du dringend Bodenhaftung benötigst. Du bist oft nicht sehr gut verwurzelt. Dies ist zeitweilig so. Früher waren diese Phasen kürzer, da waren keine Maßnahmen notwendig. Doch heute sind die Phasen länger. Dass liegt zum Teil auch an deiner unbändigen Sehnsucht nach Verschmelzung. Deine Seele hat jedoch noch lange nicht alle Erfahrungen gemacht, die sie sich ausgewählt hat. Wie gesagt, benötigt die Seele jedoch den Körper, um hier existieren zu können. Damit der Körper mehr Bodenhaftung bekommt, wird er schwerer, das ist doch eine gesunde Reaktion deines Körpers und deiner Seele.

Will heißen, wenn ich mich besser auf der Erde verankere, dann muss mein Körper sich nicht zwangsläufig beschweren, um Halt zu finden.

Zum einen ist es so, ja.

Zum einen?

Du hast mehrere Erfahrungen ausgewählt, die mit dem Gewicht deines Körpers zusammenhängen. Eine ist die Verankerung, eine andere die Weiblichkeit und wieder eine andere der Schutz. Du hast noch einige Erfahrungen vor dir und du solltest deinem Körper die Schwere geben, die er benötigt, um sich auf der Erde zu verankern.

Übergewicht ist schädlich!

Das, meine Liebe, ist eine Trotzantwort von einem dreijährigen Mädchen. Doch wenn du dich so fühlst, dann handele danach.

Besten Dank, Meister.
Ich habe Probleme, meinen Körper anzunehmen.

Das weiß ich nur zu gut. Doch lass dir von mir gesagt sein, jeder Körper ist vollkommen. Jeder Körper ist einzigartig und wunderschön. Kein Körper gleicht dem anderen. Weißt du,

was für ein Wunder das ist? Jeder Körper und somit auch jeder Mensch ist individuell.
Denke einmal darüber nach. Lass dir ruhig Zeit.

Na, zu welchem Ergebnis bist du gekommen, meine Liebe?

Zu dem Ergebnis, dass ich eher zu den schwierigen Menschen gehöre.

Wieso zu den schwierigen? Wenn wir mal außer acht lassen, dass du wertest?

Ich bin nicht so leicht zu überzeugen. Es klingt schön und gut in meinen Ohren, was du sagst. Ein Teil meiner Seele und meines Herzen wird dadurch auch berührt. Doch der andere Teil kann es so nicht akzeptieren.

Das ist in Ordnung so. Du möchtest es erfahren, deshalb bist du hier. Du bist nicht hier, um dir von mir oder sonst wem sagen zu lassen, warum dein Körper so oder so ist. Du möchtest Anreize, Denkanstöße, damit du deine eigenen Erfahrungen machen kannst. Du möchtest deine Eindrücke sammeln und speichern, das ist der Sinn des Erdenlebens.
Anderen Seelen jedoch genügt es, diese Worte zu lesen, um den Sinn darin zu erkennen. Sie haben andere Aufgaben gewählt, die sie erfahren wollen. Sie könnten andere Texte, die du sofort erkennst, tausendmal lesen und würden sie nicht erkennen, da ihnen die Erfahrung dazu fehlt.
Verstehst du, was ich meine?

Ich stecke das mal in den Ordner individuell. Wir sind alle eins und doch getrennt. Jeder macht seine eigenen Erfahrungen und jede Seele ist auf einem anderen bzw. ihrem eigenen Erkenntnisstand. Als ich noch in meinem Beruf gearbeitet habe, habe ich oft den Satz verwendet: „Man muss die Menschen da abholen, wo sie stehen." Diese Aussage trifft genau auf das zu, würde ich behaupten.

Richtig meine Liebe - hier spricht die Erkenntnis.

Wollen wir für heute zum Ende kommen? Du erscheinst mir müde!

Ja, ja, ich bin etwas erschöpft, das ist richtig. Vielleicht sollten wir für heute Schluss machen, wir haben sehr viel geschafft.

Ich stimme dir zu und wünsche dir eine angenehme Nachtruhe. Die geistige Welt wird über dich wachen. Schlafe behütet, kleine Seele.

Gute Nacht Kuthumi. Übrigens, es macht mir sehr viel Freude, mit dir zusammenarbeiten zu dürfen. Es ist mir eine Ehre und das meine ich wirklich ernst.

Ich weiß, meine Liebe. Mir ist es ebenfalls ein ganz besonderes Vergnügen, mit dir zu sprechen. In gewisser Weise erheiterst du mich. Es ist eine Freude zu sehen, wie viel deine Seele erkannt hast. Die Bereitschaft, mit der geistigen Welt zu arbeiten, setzt Vertrauen in die selbige voraus und das hast du meine Liebe.
Wir werden öfter zusammenarbeiten. Und nicht nur ich werde mit dir sprechen. Es gibt viele, die der Menschheit und somit den Seelen etwas mitzuteilen haben und du bist dafür die geeignete Person/Seele.
Die geistige Welt ist mir dir - das Göttliche schützt und segnet dich. Gute Nacht geliebte Seele - geliebtes Erdenkind!

So etwas Schönes hat noch nie jemand zu mir gesagt. Ich dachte nicht, dass mir das vergönnt wäre. Danke schön.

Hallo, mein Lieber (grins), ich habe festgestellt, dass mir mein Kleid nun besser liegt bzw. steht. Die Erklärung hat mir sehr weiter geholfen und war, bzw. ist, in sich für mich auch sehr schlüssig. Ich werde sicher lernen, mein Kleid freudiger zu tragen.

Das hast du sehr schön ausgedrückt. Ich hätte es nicht treffender beschreiben können. Man sollte sich wohl fühlen in

dem Kleid, das man trägt. Deine Seele ist deinem Körper unendlich dankbar für das, was er tut.

Meine Seele, Ich - das klingt immer so, als wären wir zwei ge-
trennte Dinge - von denen die Seele die Allwissende und ich
die bin die, keine Ahnung hat. Was bedeutet das überhaupt
- deine Seele - Ich - dein Körper?

Gut, lass uns über die Seele sprechen.

Die Seele und das Ich

Die Seele ist ein nicht stofflicher Körper. Sie ist so leicht, dass sie überall frei umher schweben kann. Aus diesem Grunde braucht sie den Körper - aber darüber haben wir schon gesprochen.
Die Seelen sind, um es einmal mit euren Worten zu erklären, in verschiedene Altersstufen gegliedert. Nun ist es aber nicht so, dass die eine Seele 5 Monate und die andere 5 Monate und einen Tag alt ist. Das Alter wird hier nicht in Erdenjahren beschrieben. Es gibt junge, alte, reife und weise Seelen. Du kannst dir sicher denken, welche Seele am weitesten entwikkelt ist, bzw. die meisten Erfahrungen gesammelt hat?

Ja, ich denke, das wird dann wohl die weise Seele sein.

Richtig.

Trotzdem verstehe ich nicht den Unterschied zwischen Seele und Ich. Keinen Plan, was das bedeutet (Fragezeichen im Gesicht).

Langsam, meine Liebe, dahin kommen wir noch.

Oh ja, langsam und Geduld. Ich liebe diese Worte (Augen verdrehen).

Wenn ich es nicht besser wüsste, wäre ich versucht, dir zu glauben. Aber so habe ich mich an deine Ironie gewöhnt und ich muss sagen, sie gefällt mir sehr (lacht).

Schön, ich freue mich, wenn du dich freust. Erzählst du nun etwas oder nicht? Ich muss gleich in die Küche.

Auch das ist mir bekannt. Ich kenne deinen Tagesablauf. Ein bisschen etwas erzähle ich noch und dann kannst du in die Küche gehen.

Danke, zu gnädig.

Also, die Seele sammelt ihre Erfahrungen auf der Erde, dazu benötigt sie den Körper. Um die Erfahrungen zu sammeln, die sie erfahren möchte, muss die Seele bei der ersten Geburt alles vergessen, was sie über die Quelle weiß. Im Laufe der Wiedergeburten wird sie sich aber an immer mehr Teile aus ihren früheren Leben erinnern. Zu Anfang wird das dein Ich sehr verunsichern. Das Ich sitzt im Zentrum. Das Ich entscheidet die bewussten Entscheidungen - deine Seele steuert alles Unbewusste.

Hat mir das nun alles erklärt? - Nein.

Du bist viel zu ungeduldig, meine Liebe.

Ja, ja, ich weiß das.

Wir sprechen nachher weiter.

Na danke.

Wir üben uns in Geduld, meine Liebe - bis nachher.

Na klasse - bis nachher. Dann gehe ich halt in die Küche. Pah.

So, wollen wir nun weiterreden. Mittlerweile sind gut drei Stunden vergangen und ich war doch toll geduldig oder?

Möchtest du eine Antwort darauf?

Nein, nicht wirklich hihi, hihi. ich kann mir die selber geben. Ich war so geduldig, dass ich weiß Gott was getan habe und mir doch nicht sicher war, ob ich heute hier noch mal herkomme.

Wie meinst du das?

Na ja, ich dachte eben, vielleicht ist einfach nicht die richtige Zeit zum Schreiben. Vielleicht reden wir einfach irgendwann mal weiter oder so. Keine Ahnung.

Entweder, du wolltest mir einen Denkzettel verpassen, wie ihr so schön sagt oder du wolltest dich vor unserem Gespräch drücken!

Oder beides!

Na, das nenne ich mal ehrlich.

Tja so bin ich - total ehrliche Haut.

Na, siehst du, so allmählich kommen wir doch dahinter, wer du bist bzw. du kommst dahinter. Ich weiß es ja.

Schön für dich, aber nun erzähle mir doch bitte wieder etwas über die Seele und das Ich. Wer tut was und warum und überhaupt bzw. wieso gibt es diese Unterscheidung?

Diese Unterscheidung hat sich der Mensch selber erschaffen. Er brauchte eine Möglichkeit, sich das Bewusste und das Unbewusste zu erklären. Er wollte es in Worte kleiden.

Hä? Ich verstehe nur Bahnhof! Was ist mit der Abfahrt?

Diese Art von Humor gefällt mir sehr gut. Hahaha!

Immer wieder gerne. Aber im Ernst, ich verstehe es nicht ganz. Eigentlich ist doch die Seele das Ich. Meine Seele kleidet sich mit meinem Körper und macht so ihre Erfahrungen, die sie bewusst ausgewählt hat. Sicher, vieles geschieht im Unbewussten, aber doch habe ich es einmal so gewählt. Mir sind viele Erfahrungen bitter aufgestoßen, von denen ich heute noch steif und fest behaupte: Das hab ich mir nicht ausgesucht. Bin ich bescheuert, mir so einen Mist auszusuchen? Wenn aber alle Seelen dies tun, wenn sie auf den Planeten kommen, wieso sollte es dann bei mir anders sein? Also, hab ich das irgendwann einmal gewählt und erfahre es nun. Warum aber das Ich und die Seele? Ist doch alles das Gleiche oder?

Im Grunde ist alles das Gleiche. Es gibt nur deinen Körper und deine Seele. Die Bereiche deiner Seele sind noch einmal ge-

teilt in bewusst und unbewusst - genauso wie du es beschrieben hast. Psychologen nennen die Seele gerne auch das Über-Ich!

Nun sitze ich hier und denke, tja, das hab ich doch gewusst, das war mir gleich klar. Trotzdem gibt es da den Teil in mir, der immer noch verwirrt ist und es nicht so recht verstehen will.

Du hast dir die Antwort im Satz selber gegeben. Kannst du sie erkennen?

Mal sehen. Ich würde sagen, der verwirrte Teil ist mein Ego - sprich meine Verstandesebene. Ich möchte es mit dem Verstand verstehen, was nicht machbar, oder nur schwer machbar ist. Wenn ich es jedoch mit dem Herzen erkenne, ist es vollkommen logisch und schlüssig.

Richtig, meine Liebe. Es geht um das Sein. Sein existiert nur im Hier und Jetzt. Nicht in der Vergangenheit und nicht in der Zukunft - jetzt. Wenn du im Jetzt bist - dann erkennst du, weil du bewusst - Unbewusstes wahrnimmst.

Ich sollte auch diesen Satz einfach auf mich wirken lassen. Wenn ich anfange, darüber nachzudenken, dann möchte ich es verstehen und wenn ich es verstehen will - dann ist mir da zu viel bewusst und unbewusst - das klingt dann wie wissen und nicht wissen - das macht mich nervös. Ich würde zu gerne alles wissen, was es in diesem Bereich gibt.

Du weißt alles, meine Liebe. Du musst dich nur erinnern. Frag deine Seele im Zwiegespräch, sie wird dir alles erzählen. Deine Seele ist immer mit Gott verbunden. Immer eins mit der Quelle. Wenn du die Seele gezielt fragst, dann wird das Unbewusste bewusst werden und du wirst eintauchen in die große Akasha Chronik der Seelen.

Tut mir leid, aber nun bin ich wieder etwas verwirrt. Wenn ich, ich bin - also meine Seele ist ich - wie soll ich dann meine Seele fragen?

Du tust es doch ständig!

Was? Ich verstehe nicht, um meinen Kopf herum sind lauter Fragezeichen.

Ja, die kann ich deutlich sehen. Ihr nennt es Selbstgespräche! Wir nennen es Seelendialog.

Oh, das klingt viel schöner als Selbstgespräche. Das hat so einen kleinen negativen Touch. So, als wäre man etwas, na du weißt schon was!

Nein, weiß ich nicht! Sag es mir, bitte (grins)!

Jetzt tue nicht so. Es ist so, als wäre man etwas bedeppert. Reif für die Klapse. Man kann das zwar heimlich machen, aber man sollte nicht mit anderen darüber reden.

Warum nicht? Wer sagt, dass man das nicht tun sollte? Ihr wertet schon wieder.

Na, ich hab die Regel nicht erfunden. Nur übernommen.

Warum? Warum übernimmst du eine Regel, die nicht zutreffend ist für dich?

Ich bin gut erzogen – okay, das ist eine dezent faule Ausrede, aber ich weiß nicht. Man übernimmt es einfach so. Ist eigentlich total unsinnig. Es ist für mich überhaupt nicht stimmig. Im Seelendialog, wie du so schön sagst, kann ich meist sehr viel erkennen. Es hat wenig bis gar nichts damit zu tun, ob ich bedeppert bin oder nicht. Wobei bedeppert an sich schon eine eigenartige Redensweise ist.
So, nun hast du es geschafft!

Was habe ich geschafft?

Na, dass ich bei jedem Wort, das ich sage überlege, ob es keine Wertung ist, weil - man wertet ja nicht. Alles ist gut so wie es ist. Wobei gut ja auch eine Wertung ist.

Richtig deshalb heißt es einfach: ES IST!

Punkt. Sonst nichts? Einfach nur ES IST?
Kann ich bis morgen darüber nachdenken?

Sicher kannst du das, meine Liebe. Ich wünsche dir eine gesegnete und gute Nacht. Möge der Frieden in dir sein und sich in dir entfalten. So, dass du in der Nacht auf Seelenreise gehen kannst, um dich mit der Quelle zu verbinden und dich zu nähren. Denn auch dies ist ein Ort, an dem die Seele bewusst erfährt, was sie unterbewusst gespeichert hat. Dort wird ihr die Erinnerung gegeben.

Ich verabschiede mich und freue mich auf morgen. Ich werde noch ein paar Plätzchen backen und etwas schmükken. Es ist bald Weihnachten und ich möchte eine gemütliche und schöne Atmosphäre schaffen. Will heißen, ich komme vielleicht etwas später.

Ich werde da sein und auf dich warten. Bis bald, meine Liebe

Bis bald, Kuthumi.

Hallo meine Liebe, schön dich wieder zu sehen. Hast du deine Vorbereitungen getroffen?

Jetzt tust du so, als wärst du weit weg gewesen, dabei wissen wir doch beide, dass du die ganze Zeit über da gewesen bist.

Da hast du wohl Recht. Ich wollte ein bisschen Konversation treiben.

Super (lach), na dann. Möchtest du noch etwas zu der Seele und dem Ich sagen oder ist das Thema für dich abgeschlossen?

Hast du erkannt, was ich dir über die Seele und das Ich berichtet habe, oder ist es immer noch unerkenntlich für dich?

Na ja, wenn ich es nicht mit dem Verstand zu erfassen versuche, dann ist es logisch und schlüssig, was ich von dir gehört habe, doch wenn mein Verstand einsetzt, dann ist es vorbei. Ich möchte es dann auf rationaler Ebene verstehen und das funktioniert einfach nicht.

Lass dir zum Abschluss noch einmal gesagt sein - der Mensch ist - egal, wie viele Facetten, Seiten und Gesichter er besitzt, am Ende eine Einheit. Nichts ist getrennt, alles ist vereint. Es befindet sich lediglich ein Vorhang zwischen dem, was der Seele, sprich der Einheit bewusst und unbewusst ist. Wenn der Mensch lernt, den Vorhang zu nutzen, ihn beiseite zu schieben, wenn er es benötigt, dann ist er so weit, seine eigene Realität zu sehen - und zu erkennen, dass er selber sie geschaffen hat.

Gut, dann würde ich gerne mit dir über ein wichtiges, weltliches Thema sprechen.
Und das wäre, meine Liebe?

Geld! Ich würde gerne mit dir über Geld sprechen.

Gut, sprechen wir über Geld.

Die Energie Geld

Was möchtest du gerne wissen?

Na ja, ich weiß, das klingt jetzt vielleicht wie so eine hohle Frage, die schon tausendmal gefragt wurde, aber ich frage trotzdem noch mal. Ist Geld schlecht? Darf man sich Reichtum nicht wünschen? Wenn wir uns kein Geld wünschen sollen - warum brauchen wir diese Energie dann hier? Wozu dient sie?

Na, da möchtest du ja einiges wissen...
Zum einen, die Frage wird sehr, sehr häufig gestellt, da hast du Recht. Die Menschen sind sehr verunsichert, da sie denken, Spiritualität - Gott und Geld, das würde nicht zusammenpassen. Es passt jedoch sehr gut zusammen. Gott ließ zu, dass diese Energie entsteht, damit die Menschen ihren Umgang erlernen mögen.

Stopp! Kleine Zwischenfrage. Wieso sollen wir den Umgang erlernen?

Ihr sollt lernen, im Fluss zu bleiben. Alles bleibt ständig in Bewegung. Geld ist reine Energie - diese Energie soll ebenfalls im Fluss bleiben. Viele, sehr viele Menschen neigen dazu, den Fluss der Energie zu unterdrücken. Sie sitzen förmlich auf ihrem Geld. Dies ist der Gegensatz von dem, was wir erreichen wollen. Wer sich auf sein Hab und Gut setzt, ist nicht im Fluss - er gerät ins Stocken. In diesem Moment geraten viele Teile seines Lebens ins Stocken. Alles hängt mit allem zusammen. Nichts geschieht, ohne dass eine Reaktion erfolgt. Du kennst ja das Gesetz von Aktion und Reaktion, nicht wahr?

Ja, ja, das Gesetz ist mir bekannt. Es ist also nicht verwerflich, sich viel Geld zu wünschen?

Nein. Geld ist eine Energie, die euch sehr viele Erfahrungen machen lässt. Die Spanne der Erfahrungen ist in diesem Bereich sehr groß. Die Erfahrungen, die man macht, wenn man die Energie des Geldes verweigert, sind anders als die Erfahrungen, wenn man die Energie annimmt.

Wieder anders verhält es sich, wenn man die Energie annimmt, sie aber nicht mehr loslässt, oder aber den umgekehrten Fall. Die Erfahrungen sind anders, wenn man die Energie fließen lässt.

Verstehst du, was ich meine?

Ja, ich verstehe. Warum ist das Geld so ungleichmäßig verteilt? Warum haben die einen so viel und die anderen gar nichts?

Zwei Drittel der Menschheit lehnt unbewusst das Geld mit seiner Energie ab. Das Drittel, das die Energie annimmt, hat somit das meiste Geld. Ihr sagt: Geld kommt zu Geld, das war schon immer so. Das stimmt so nicht ganz. Die Energie des Geldes kommt dahin, wo sie angenommen wird und im Fluss bleibt.

Willst du damit sagen, ich würde Geld unbewusst ablehnen, obwohl ich es mir bewusst so wünsche?

Genau. Irgendwo in dir befindet sich eine Sperre, die nicht zulässt, dass Geld in ausreichender Menge zu dir fließt. Was ist die Angst? Warum kannst du die Energie nicht annehmen?

Vielleicht hab ich Angst, dass ich dann zuviel hergeben muss. Vielleicht denke ich nicht, dass ich es verdiene.

Jeder Mensch verdient diese Energie. Sie wurde für alle Menschen erschaffen, nicht nur für bestimmte. Jedes Wesen wird von Gott, der Quelle, oder wie auch immer man es nennen mag, bedingungslos geliebt. Jede Seele ist dieser Energie würdig. Doch ist es deine Aufgabe, dies zu erkennen und somit die Energie in Fluss zu halten.

Ich hätte noch eine Frage.

Nur zu!

Wie ist es, wenn ich nun eine Arbeit verrichte und denke, ich müsste das eigentlich nicht tun. Wenn ich genug Gottvertrauen hätte, dann wäre ich ausreichend versorgt. Ich müsste keine zwei Arbeiten ausführen, um versorgt zu sein.

Es gibt mehrere Wege, um das Ziel zu erreichen. Manchmal reicht eine Aufgabe aus und die Energie des Geldes fließt. Manchmal weiß ich aber, dass die Aufgabe, die ich gerade lebe, mir zu einem späteren Zeitpunkt erst die Energie des Geldes bringt. Hier erhalte ich dann eine zusätzliche Möglichkeit, mit der Energie des Geldes in Verbindung zu treten. Manchmal hat diese Aufgabe wenig mit meiner Gabe zu tun und doch sollte ich diese Aufgabe ausführen, um mit der Energie in Verbindung zu bleiben und sie im Fluss zu halten. So erlerne ich den Umgang mit der Energie. Zu dem Zeitpunkt, wo sich deine Berufung entgültig manifestiert hat und du den Umgang mit dem Geld erlernt hast - zu diesem Zeitpunkt wird die andere Aufgabe immer mehr in den Hintergrund rücken und deine wahre Berufung in den Vordergrund. Du wirst dann im Umgang mit den verschiedenen Energien so weit sein, dass du dir deine Realität erschaffst. Es ist nicht das Vertrauen in Gott, das deine Versorgung sichert, sondern das Vertrauen darin, dass du ein Ebenbild Gottes bist - was bedeutet, das Vertrauen in deine eigenen Fähigkeiten ist gefragt. Du erschaffst deine Welt.
Was denkst du gerade? Du siehst etwas nachdenklich und irritiert aus, meine Liebe.

Ich versuche, es zu verstehen, bzw. auf mich zu münzen. Ich komme noch nicht ganz klar damit. Auf der einen Seite erscheint es mir richtig und auf der anderen weiß ich nicht, was ich ändern sollte, damit das Geld oder dessen Energie zu mir fließt. Ich dachte, ich wäre dieser Energie gegenüber aufgeschlossen, das scheint aber wohl nicht so ganz zu stimmen.

Woran glaubst du liegt das?

An meinen Überzeugungen. Ich meine, an dem, was ich wohl ganz tief in mir drin fühle. Oberflächlich betrachtet mag es

schon so sein, dass ich sage: Ja klar, gib mir die Kohle, ich warte nur darauf.
Tiefer in der Seele sind aber doch die alten Gedanken da, die Geld und Gott von einander trennen.

Das ist dann das neue Thema, über das wir unbedingt sprechen sollten. Es geht um Glaubenssätze, deren Verankerung und wie man sie auflösen kann.

Mir scheint, du hast auf alles eine Antwort.

Für einiges, meine Liebe. Ich kann die Dinge aus einem anderen Blickwinkel verfolgen.

Glaubenssätze

Solange man auf der Erde lebt, hat man unendlich viele Glaubenssätze. Manche sind bewusst, doch viele sind unbewusst. Welche Glaubenssätze sind in dir verankert? Zähle einmal deine bewussten Glaubenssätze auf und lass uns diese gemeinsam anschauen, okay?

Einverstanden. Also, ich beginne damit, die Glaubenssätze einfach mal hier aufzuschreiben ja?

Ja, einverstanden.

Also, ich glaube, Geld und Gott, das passt nicht, weil früher hieß es immer:
Lieber arm und glücklich, als reich und unglücklich.
Erst die Arbeit, dann das Vergnügen.
Du bekommst nichts geschenkt, niemand legt dir etwas in den Schoß. Wenn du etwas möchtest, musst du hart dafür arbeiten.
Wenn du es dir nicht hart erarbeitet hast, dann ist es nichts wert.
Geld ist schmutzig.
Geld bringt Unglück (Überfall, Raub, Einbruch, usw.).
Wer viel hat, wird geizig.
Wer viel hat, ist nur zu geizig, um was herzugeben.
Wer weiß, woher das Geld kommt.
Geld stinkt.
Du darfst nicht Nein sagen.
Du musst tun, was in der Bibel steht.
Wenn du geliebt werden willst, musst du tun, was man von dir erwartet.
Es ist nicht wichtig, ob du eine Meinung hast und welche das sein könnte.
Die Erwachsenen haben immer Recht.
Ein Kind widerspricht nicht.
Du musst dankbar sein.
Okay, jetzt muss ich eine Pause machen, da kommt gerade so viel hoch an Gefühlen.

Nimm dir die Zeit, die du brauchst, doch verdränge die Gefühle nicht. Erlebe sie bewusst, damit du diese Erfahrung erkennen kannst.
Bis nachher, meine Liebe.

Bis nachher Kuthumi.

Hallo, schön, dass du wieder da bist, meine Liebe. Können wir fortfahren mit deinen Glaubensätzen? Fühlst du dich dazu in der Lage?

Ja, ich denke schon, dass wir noch ein paar zusammenbekommen. Also, da wären noch:
Du musst immer das tun, was die anderen von dir erwarten!
Du darfst die anderen nicht enttäuschen!
Du musst hilfsbereit sein!
Nächstenliebe heißt Aufopferung!
Du bist nur wer, wenn du etwas hast!
Du musst demütig sein!
Hochmut kommt vor den Fall!
Wer auf Erden leidet, wird nach dem Tod mit dem Paradies belohnt!
Du darfst nicht schwach sein, erinnere dich an die Last, die Christus getragen hat!
Du musst dich würdig erweisen!
Wenn du dies nicht tust, dann geschieht das......!
Es sind mehr Glaubensätze, als ich gedacht habe, bzw. als mir bewusst waren.

Ja und doch liegen noch einige im Unterbewussten verborgen, doch die genannten reichen aus, um festzustellen, dass ihr Menschen eurer Leben nach euren Glaubenssätzen richtet.

Wie meinst du das genau?

Nehmen wir z.B. den Glaubenssatz: Geld ist schmutzig!
Wer möchte sich schon beschmutzen, wo wir doch alle rein vor Gott erscheinen wollen.

Oder Geld und Gott, das passt nicht zusammen! Also, muss ich mich entscheiden. Wenn ich jedoch Angst habe, dass Gott mir nicht verzeiht, wenn ich mich für das Geld entscheide - so lehne ich es ab, oder?

Wenn Nächstenliebe Aufopferung bedeutet, kann ich mich nicht wohl und ausgeglichen dabei fühlen. Es kann nur gut sein, wenn es mich anstrengt und auslaugt. Also, was tue ich? Ich mute mir mehr zu, als ich tragen kann und breche dann zusammen unter dem Siegel der Nächstenliebe.

Wichtig ist auch der Glaubenssatz: Erst die Arbeit, dann das Vergnügen! Was bedeutet das? Es bedeutet, dass dir deine Arbeit auf keinen Fall gefallen darf - sonst würdest du dich vergnügen. Du wählst eine Arbeit, die dir sinnvoll und gut erscheint, aber nicht das, wozu du berufen bist. Würdest du das tun, wozu du berufen bist, so hättest du eine unbändige Freude, ein wahres Vergnügen an deinem Tun.

Glaubensätze, die deinen freien Willen unterdrücken, sind besonders weitreichend. Zu diesen gehört der Ausspruch: Ein Kind darf nicht widersprechen! Selbstverständlich darf das Kind widersprechen. Jeder Mensch und jede Seele ist einzigartig. Wir können nicht immer einer Meinung sein - wo bliebe da die Entwicklung, das Lernen und die so wichtigen Erfahrungen, wegen derer ihr hier seid?

Im Lebensplan sind auch Erfahrungen eingegliedert, die nicht das sofortige Erfüllen stillen, also Erfahrungen, in denen die Seele erfährt, wie es ist, nicht Ihren Willen zu bekommen. Der Unterschied besteht aber darin, dass dies von der Seele gewählt ist. Das andere gleicht einer Unterdrückung.

Das finde ich jetzt schwierig, da die ganze Gesellschaft so aufgebaut ist. Der Schwächste muss immer den Mund halten. Somit versucht jeder, der Stärkste zu sein und das Wort zu führen.

Ja, das ist die Gesellschaft, die ihr euch erschaffen habt. Ihr seid auf dem Rückweg!

Wie meinst du das?

Ihr entwickelt euch nicht fortschrittlich, sondern rückwärts, wie ihr es nennen würdet. Denkst du, es ist fortschrittlich, wenn einer dem anderen das Wort verbietet? Wenn einer verlangt, dass der andere nach seinem Willen und seinen Gesetzen lebt? Ihr erschafft neue Richtlinien, die neue Glaubenssätze verursachen und ihr denkt, das wäre Fortschritt. Glaubt ihr wirklich, dass Diktatur Fortschritt ist?

Autsch! Jetzt hast du mir eine verpasst, wenn ich das mal so sagen darf. Es ist ja nicht so, dass ich das anders sehen würde, aber es erscheint mir so unveränderlich.

Auch das, meine Liebe, ist ein Glaubensatz: Ich kann nichts verändern! Wie soll ich als Einzelner etwas bewirken?
Meine Liebe, die Veränderung beginnt bei einer einzigen Seele, sprich bei einem einzigen Gedanken. Dieser Gedanke ist reine Energie, der den Kosmos durchtränkt und sich gleiche Energie sucht. Dies nennt man dann kollektives Bewusstsein.

Ja, davon hab ich schon gehört. Was hat das mit den Glaubenssätzen zu tun?

Die Energie der Glaubenssätze verstärkt sich durch die Häufigkeit der gedachten Gedanken. Je häufiger du deinen Glaubenssatz denkst - bewusst oder unbewusst - umso mehr Energie erzeugt er. Die Energie verteilt sich im Universum und findet gleiche Energien. Diese wiederum vereinen sich und wirken dadurch um ein Vielfaches verstärkt. So, meine Liebe, erschafft ihr eure Realität.

Super! Ich würde sagen, wir stellen uns selber ein Bein und das ziemlich gut.

Hahahaha, das gefällt mir. Ist sehr gut erklärt. Ihr stellt euch das Bein solange, bis ihr wirklich auf die Nase fallt - und dieser Zeitpunkt ist schon gekommen.

Ich bin echt froh, dass du dich amüsierst (stöhn). Es sind ja wir, die auf der Schnauze liegen.

Richtig! Diese Erfahrung habe ich schon mehr als einmal hinter mir. Du siehst, wir alle müssen unsere Erfahrungen machen. Bzw. wir wollen sie machen und sind dankbar dafür, dass wir in der Lage sind, uns die entsprechende Realität zu erschaffen.

Na, jetzt hast du dich wieder super aus der Nummer rausgewunden. Bei dir klingt das jetzt so erhaben. Nicht so schal und langweilig wie ein gestelltes Bein.

Der Sinn ergibt aber das Gleiche. Die Aufgabe ist ebenfalls dieselbe. Ihr müsst eurer Bewusstsein erweitern. Eure Realität so gestalten, wie ihr es für sinnvoll erachtet.

Nun weiß ich aber noch nicht so ganz genau, wie ich meine Glaubenssätze über Bord werfe.

Du kannst sie in einen Sack stecken und über die Reling wuchten, dann bist du sie los, hahaha.

Ich schmeiß mich gleich unter den Tisch vor lachen. Der war wirklich gut. Lach mich krumm!
Wenn ich wüsste, dass es funktioniert, würde ich es tun, aber ich schätze mal, das wird nichts. Dein Humor gleicht meinem sehr, das gefällt mir sehr gut.

Ja, aber im Ernst, was für eine interessante Ausdrucksweise. Um deine Glaubenssätze zu verändern, musst du sie dir zuerst einmal bewusst machen. Dies entspricht meinem Wunsch, deine Glaubenssätze hier niederzuschreiben. Du siehst sie vor deinem Auge und wenn sie dir bewusst sind, so kannst du sie bewusst ansehen und entscheiden, ob sie für dich noch richtig und zutreffend sind. Nehmen wir noch einmal das Beispiel des Geldes. Ich weiß, dass dies für dich ein sehr wichtiges Thema ist. Nehmen wir den Ausspruch: Geld stinkt, darum willst du keines!

*Ist das für dich zutreffend? Stinkt das Geld, das du in den Hän-
den hältst?*

Nein, es stinkt nicht.

*Welches Gefühl entsteht, wenn du das Geld in deinen Hän-
den hältst? Willst du es ausgeben oder festhalten?*

Kommt darauf an!

Worauf?

Auf die Stimmung, in der ich mich gerade befinde. Wenn ich
guter Dinge und voller Vertrauen bin, kann ich das Geld leicht
und einfach in Umlauf bringen. Bin ich jedoch ängstlich und
unsicher, dann halte ich es lieber fest, weil ich mir nicht sicher
bin, ob es wieder zu mir zurückfließt, wenn ich es loslasse.

Du bist sehr ehrlich!

Nützt mir ja nichts, wenn ich dir hier ein Märchen erzähle,
damit kommen wir auch nicht weiter. Ich schon gar nicht.

*Gut, dass du das erkannt hast. Weißt du, warum die Versor-
gung manchmal ins Stocken gerät?*

Ich denke, es liegt zum Großteil an meinem Vertrauen bzw.
an meinem fehlenden Vertrauen.

Nein!

Nein?

*Nein! Es liegt einzig an deiner Einstellung zum Geld. Solange
du der Energie Geld gegenüber so negativ eingestellt bist,
stößt du die Energie von dir ab - du ziehst sie nicht an.*

Ja super! Ist ja großartig und nun? Ich möchte das Geld doch
haben. Ich mag es anziehen und nicht abstoßen.

Du änderst gerade deine Einstellung zum Geld. Du musst dir dieser Einstellung bewusst sein und vor allen Dingen bewusst bleiben. Wenn du nicht bewusst bist, gleitest du ins Unbewusste ab. Im Unbewussten gelten zum Teil andere Gesetze, was für dich bedeutet, das Unterbewusstsein greift auf das zurück, was es kennt und was ist das?
Richtig! Deine alten Glaubensätze. Du stößt heute ab, was du gestern noch gewollt hast und das nur, weil du dir der Positivität der Energie des Geldes nicht ausreichend bewusst bist und sie nicht ausreichend bekräftigst. Hast du erkannt, was ich meine?

Ja, hab ich. Ich stelle zudem fest, dass da jede Menge Bewusstseinsarbeit auf mich wartet. Oh Mann, das ist mehr, als ich gedacht habe, bzw. als ich mir vorstellen konnte.

Ja, deshalb nennt man es ja auch Bewusstwerdungsprozess. Es dauert seine Zeit. Nicht alles kann in einem Leben bewusst werden, aber vieles.
Ich wünsche dir Geduld und Ausdauer bei diesem Prozess, es wird seine Zeit dauern.

Ich liebe es, wenn du mir Geduld wünschst, dann weiß ich schon von vorne herein, dass ich es nicht gestern erreichen konnte. Das motiviert mich ungemein.

Das, meine Liebe, ist mir nur allzu gut bekannt.

Kollektives Bewusstsein

Oh, kollektives Bewusstsein. Tolles Thema. Ich wollte schon immer wissen, was die Mehrheit der Menschheit denkt.

Na, da ist ja jemand gut gelaunt heute.

Tja, ich hab auch meine freudigen Momente. Ich kann ja nicht nur deprimiert in der Welt umherlaufen.

Freut mich, dass es dir gut geht. Zum kollektiven Bewusstsein gibt es einiges zu sagen. Zuerst einmal ist das kollektive Bewusstsein die Summe aller Gedanken der Menschen. Du weißt ja, nichts geht im Universum verloren, alles bleibt vorhanden. Jeder Gedanke, den du denkst, verwandelt sich in reine Energie, die sich im kollektiven Energiefeld sammelt.

Diesen Ausdruck kenne ich nicht. Kollektives Energiefeld hab ich noch nie gehört. Muss ich mir das merken?

Du wirst es dir ganz automatisch merken, weil du es schon immer kennst. Du weißt, dass es vorhanden ist, du kannst dich nur nicht erinnern.

Okay, wenn du das sagst. In Ordnung. Machen wir weiter.

Die Energie der Gedanken sammelt sich, wie bereits erwähnt, im kollektiven Energiefeld. Jeder Gedanke ist dort aufgehoben. Je häufiger ein Gedanke gedacht wird, um so stärker und machtvoller wird seine Energie. Manchmal dauert es lange, bis sich eine Idee in der Materie verwirklicht. Zuerst jedoch war der Gedanke da. Der Gedanke hat die Energie zur Verwirklichung geschaffen. Je häufiger der Gedanke gedacht wurde, je machtvoller wurde seine Energie. Wenn genügend Energie vorhanden ist, kann sich die Idee in der materiellen Welt verwirklichen. Manchmal, wie gesagt, kann es sehr lange dauern. Viele Jahre. Häufig glaubt der Mensch schon gar nicht mehr an die Verwirklichung dieser Idee. Er vergisst den Gedanken. Andere jedoch haben vielleicht den

gleichen Gedanken oder einen ähnlichen und erschaffen so weiterhin die Energie. Eines Tages geschieht es und der Mensch erinnert sich urplötzlich an den damaligen Gedanken. Seine Energie gibt nun den ausschlaggebenden Kick - die Manifestation beginnt.
Je intensiver der Gedanke gedacht wird, desto schneller kann sich die Energie manifestieren. Es heißt nicht umsonst: Wo viele in meinem Namen beten, da geschehen Wunder! Die Energie eines Einzelnen ist schon machtvoll. Wie machtvoll, glaubst du, ist die Energie von vielen mit dem gleichen Gedankengut? Ich sage Gedankengut, weil es unmöglich ist, dass die Gedanken eines Einzelnen sich mit einem Anderen zu 100 % decken. Nicht einmal die der Dualseelen. Ich weiß, dass diese Frage gerade durch deinen Kopf geschossen ist.

Gut, du hast gewonnen. Ich habe mir tatsächlich diese Frage gestellt. So nach dem Motto, auch Zwillinge fühlen ja oft das Gleiche oder Selbe, oder wie auch immer man das ausdrükken mag. Jedenfalls hab ich das gedacht.

Ich weiß, dass du das gedacht hast und du hast prompt eine Antwort bekommen. Wir sind alle eins und doch ist jede Seele ein Unikat. Keine Seele gleicht der anderen. Keine macht die gleiche Erfahrung wie die andere, selbst, wenn sie das Gleiche erlebt - was relativ gesehen alle Jubeljahre passiert. Hahaha.

Ich höre und sehe, du amüsierst dich.

Ja, Humor ist die halbe Miete.

Okay – und, möchtest du noch etwas zum Thema sagen oder sprechen wir über deinen Humor?

Das könnten wir auch. Leider war ich häufig ein allzu ernster Geselle in meinen Inkarnationen. Ich glaube, wir würden uns wenig amüsieren.

Na, da kann ich ja froh sein, dass du mir jetzt erst über den Weg gelaufen bist. Ich hab schon genug Ernstes im Leben, das muss nicht noch untermauert werden.
Ja, ja, du musst nichts sagen. Ich weiß selber, dass ich mir das ausgesucht habe, darüber wollten wir nun aber gar nicht sprechen. Erzähle weiter.

Das Energiefeld des kollektiven Bewusstseins ist sehr eng mit eurer Realität verbunden. Mit der Realität, die ihr euch durch eure Gedanken erschaffen habt.

Na super, die Mehrheit der Menschen denkt also Schrott und somit können wir unseren eigenen Schrott erschaffen. Weißt du, ich frage mich ernsthaft, warum wir nicht anfangen, etwas Gescheites zu denken? Wenn wir so mächtig sind, dann kann es ja wohl nicht schwer sein, uns eine positivere Realität zu erschaffen, oder?

Du siehst das aus dem völlig richtigen Blickwinkel, es gibt da nur ein winziges Aber!

Winziges Aber? Was meinst du damit?

Na ja. Positive Weltansicht bedeutet für die Seelen Unterschiedliches. Ich weiß, dass du es dir kaum vorstellen kannst, doch auch die Erfahrungen wie Krieg, Armut, Krankheit usw. sind für viele Seelen positiver Natur. Was dir ungünstig und negativ erscheinen mag, ist für andere Seelen durchaus positiv, meine Liebe. Es ist alles eine Sache der Erfahrung. Ich erschaffe mir das, was ich erfahren möchte.

Ich finde das ziemlich schrecklich. Ich weiß, ich soll nicht werten, aber trotzdem. So viel Armut, so viel Krieg, so viel Gewalt und all das soll irgendwie gut sein? Das ist wirklich sehr schwer zu verstehen und noch schwerer zu erkennen. Ich dachte immer, alles soll gut sein. Schön, harmonisch, liebevoll usw.
Na ja, kein Wunder, dass meine Therapeutin sagt, ich träume von einer Verschmelzung, die hier auf Erden nicht möglich ist. Ich bin mir nicht ganz sicher, aber ich glaube, ich bin dezent frustriert.

Es ist nicht ganz leicht für dich, das sehe ich ein und trotzdem ist es richtig so. Die Seelen, die das erleben, haben es sich so gewählt. Sie haben auch alle dasselbe Gedankengut in das kollektive Energiefeld gesandt, damit sie sich diese Realität und somit diesen Erfahrungsraum schaffen bzw. erschaffen konnten.

Mir kommt das jetzt gerade so vor, als würden Millionen von Seelen mehr „negative" Erfahrungen sammeln wollen und nur ein paar wenige „positive". Das ist schon schlimm. Zumindest empfinde ich das gerade so.

Sieh auf deine eigenen Erfahrungen. Sie waren nicht alle von positiver Natur, wie du sagen würdest und doch hast du sie gewählt, die Energie der Gedanken ausgesandt und dir somit diese Realität erschaffen. Du hast deine Erfahrungen in diesem Bereich abgeschlossen und sendest nun andere Energie in das Energiefeld. Eines Tages, wie ihr so schön sagt, werden die Seelen ihre Erfahrungen abgeschlossen haben und verstärkt andere Energie in das kollektive Energiefeld senden.

Ich weiß nicht warum, aber es stimmt mich traurig, was du sagst. So, als würde ich die Trauer vieler empfinden in diesem Moment.

Es ist auch so. Du bist wie ein Medium. Du bist ein Kanal für viele unterschiedlichen Energien. Du nimmst vieles wahr und auf, was nicht unbedingt zu dir gehört. Damit meine ich die Empfindungen und das Gedankengut anderer Seelen.
Es gehört zu dir. Du bist dazu veranlagt, so wie viele andere Seelen auch. Im Prinzip haben alle Seelen diese Veranlagung, doch nur einige nutzen sie hier auf Erden in ihrer Inkarnation. Die Energie, die deine Seele sendet, ist: Ich bin bereit, nehmt Kontakt zu mir auf. Ich vermittle eure Botschaften. Ich habe den schmerzlichen Teil meiner Erfahrungen fast abgeschlossen und kann mich nun dem widmen, was meine göttliche Aufgabe ist - die Übermittlung der Botschaften aus anderen Dimensionen.

Ich kann genau sehen, dass du nun denkst, ja, ja, wenn du das sagst. Es ist eine unterbewusste Angelegenheit, die dir jedoch von Tag zu Tag bewusster wird. Noch tust du so, als wäre es nicht möglich, wobei das Wort nicht sowieso nicht existiert.

Hallo, wenn es nicht existiert, dann kannst du es auch nicht benutzen oder? Hihihi.
Du passt dich unseren Sprachgewohnheiten an.

Das amüsiert dich, nicht wahr?

Ja, ich finde es sehr gut, so habe ich nicht das Gefühl, mich mit jemand Höherstehendem zu unterhalten, sondern mit jemandem auf meinem Stand.

Wir sind immer alle gleich. Es gibt keinen Unterschied. Niemand ist besser oder schlechter, nur, weil er ein aufgestiegener Meister ist. Wir alle sind Meister. Es ist nur nicht jeder Seele so bewusst.

Senden wir das auch in das Energiefeld? Diese Unbewusstheit. Dieses nicht Wissen usw.

Ja, damit ihr eure Realität aufrechterhalten könnt. Dies ist die Energie des Vorhanges. Ihr habt euch einen perfekten Schleier erschaffen. Dies ist eine eurer machtvollsten Energie und da waren sich alle Seelen einig. Dieser Vorhang konnte auch nur so erschaffen werden. Alle Energie in ein Projekt.

So könnte man dann wohl Weltfrieden erschaffen, den Krieg und die Hungersnot beenden nicht wahr?

Ja, das könnte man und eines Tages wird es auch so sein, doch die Zeit dafür ist noch nicht gekommen. Noch fehlt es an Erfahrungen jeglicher Art - die Zeit der Heimkehr ist noch nicht gekommen.

Was meinst du damit? Heimkehr bedeutet für mich, den Planeten verlassen. Zurückkehren zur Quelle, um dann in Frieden und Harmonie zu leben. Du aber sprichst so, als wäre eine Heimkehr etwas Anderes? Im Prinzip muss ich nicht gehen, um zu Hause zu sein, das ist anders, als ich die ganze Zeit dachte.

Ja, das ist es. Du wolltest es so denken.

Das verstehe ich nicht ganz, kannst du mir das erklären?

Die Seele ist unsterblich. Ihr könntet ewig hier sein. Ihr könntet euch ein Paradies auf Erden erschaffen, wenn ihr es wolltet. Ihr wollt es aber nicht. Ihr möchtet hier lernen und erfahren, anschließend wollt ihr zur Quelle zurückkehren, so eine Art Belohnung für eure Bemühungen in der Inkarnation. Zudem wollt ihr euch in verschiedenen Körpern erfahren, also wählt ihr diese Methode.
Auch hier ist es die Mehrheit der Seelen, die so denkt und fühlt, was wiederum dazu führt, dass die Energie der Gedanken sich sammelt und Realität erschafft. Es ist immer eure Wahl, versteht ihr. Niemand verlangt es von euch - es ist eure Wahl.

Tut mir leid, ich bin versucht zu denken, dass die Mehrheit der Seelen dann schlecht ist, wenn sie sich ein solches Leben erschafft. Ich weiß irgendwo tief in mir, dass dies so nicht richtig ist, aber ich kann das einfach nicht so gut verstehen.

Der Punkt, meine Liebe, ist der, dass du nichts verstehen sollst. Erkennen ist wichtig. Erkennen kannst du nicht mit dem Verstand.
Deine Seele ist in ihren Entwicklungen weiter vorangeschritten. Das wiederum bedeutet nicht, dass du besser oder schlechter bist als die anderen Seelen. Es ist einfach so, dass du einen bestimmten Zyklus schon abgeschlossen hast. Es gibt noch andere Seelen, die es ebenso erfahren. Das ist das, was du nicht verstehen kannst. Du möchtest den Weltfrieden, Harmonie, Freude, Glückseligkeit. Das sind die Wünsche der weiterentwickelten Seelen. Doch sage ich dir wie den anderen

*Seelen, die das gleiche Gedankengut in das kollektive Ener-
giefeld einspeisen: Eure Zeit ist noch nicht gekommen. Ihr
müsst euch noch in Geduld üben. Sicher ist es wichtig und
richtig, dass ihr diese Energie ins Feld bringt, aber ihr könnt dadurch die Entwicklung der anderen Seelen nicht beschleuni-
gen. Könntet ihr das, so würde es einer Manipulation
gleichen. Dies wurde nicht angestrebt.*

Das wirkt irgendwie ernüchternd auf mich. Ich bin nicht so der
geduldige Mensch oder die geduldige Seele. Ich hätte gerne
alles schnell, schnell, da käme mir die Sache mit dem schnel-
len Weltfrieden schon recht. Keine Zweifel, keine Angst, keine
Mangelerscheinungen usw.

*Wir wissen, dass du keine geduldige Seele bist, wie du es
nennst, aber genau das gehört zu deinem Aufgabengebiet.
Erfahre, was Geduld bedeutet - in all ihren Auswirkungen -
also auch die Ungeduld, wie du so schön sagst.*

Ja, ich weiß. Eigentlich meine ich es nur gut.

*Auch die anderen Seelen meinen es gut. Selbst, wenn es dir
anders erscheint. Sie tun sich gegenseitig gut, da sie so ihre Erfahrungen machen können.
Ich denke, hier ist es Zeit für ein anderes Thema. Wir sollten
über Manipulation reden.*

Oh Mann, das klingt wieder so negativ.

Manipulation

Ich weiß nicht, ob ich dieses Thema mag. Ehrlich gesagt glaube ich, eher nicht.

Warum? Was missfällt dir an diesem Thema?

Ich fürchte, auch ich habe einen gewissen Hang dazu. Es ist irgendwie nicht besonders erbaulich, wenn man seine Schattenseite unter die Nase gerieben bekommt.

Du denkst also, ich würde dir hier deine Schattenseiten unter die Nase reiben? Warum sollte ich das tun?

Um mich demütig zu stimmen.

Aha, das sind deine Erfahrungen mit der Manipulation. Du denkst, wenn du manipuliert wirst, bist du demütig und ansonsten eher nicht.

Na ja, sagen wir mal so, ich denke, ich bin nicht rund um die Uhr demütig.

Was verstehst du unter Demut?

Reden wir jetzt über Demut oder Manipulation?

Bei dir ist beides eng miteinander verknüpft - auf der Verstandesebene.

Okay, gut. Demut heißt für mich im Dreck kriechen. Sich klein machen, um dem anderen zu gefallen. Wenn ich ihm gefalle, dann mag er mich, ansonsten bin ich hochmütig und werde verachtet.

Das, meine Liebe, ist eine völlig falsche Vorstellung von Demut. Darauf werde ich später noch einmal zurückkommen. Nun aber zum Wesentlichen, du beschreibst hier die klassische Situation von Manipulation. Du musst etwas erbrin-

gen, damit man dich liebt. Dies ist jedoch nicht der Fall. Geliebt wirst du einzig, weil du bist. Wenn ich dir meinen Willen aufschwatze, dann hoffe ich natürlich, dass du meiner Meinung bist. Bist du jedoch anderer Meinung, was ebenfalls vollkommen in Ordnung ist, versuche ich dich zu überzeugen. Erst tue ich es auf nette und liebe Art und Weise. So kannst du immer noch davon ausgehen, dass ich es ja gut mit dir meine. Diese Art der Manipulation ist die gefährlichste. Die gefährlichste für dein Seelenheil. Würde ich dir unter Androhung der schlimmsten und schmerzhaftesten Dinge etwas abverlangen, so wüsstest du genau, woran du bist. Du würdest sofort erkennen, dass ich dich manipulieren will. Die andere Variante ist wesentlich subtiler und wird viel häufiger angewandt. Die Seele gerät häufig in eine Art Abhängigkeit und erkennt erst sehr spät, worauf sie sich eingelassen hat.

Das verstehe ich nun nicht. Wähle ich mir nicht aus, manipuliert zu werden, um die Erfahrung zu machen?

Sicher tust du das, doch dies ist häufig etwas, das die Seele erst sehr spät oder gar nicht erkennt in ihrer jeweiligen Inkarnation.

Was bedeutet das? Warum ist das so? Das macht mich nervös und unruhig.

Sich manipulieren zu lassen, ist eine der schwierigsten Aufgaben, die sich eine Seele stellen kann. Es gehört jede Menge Vergessen dazu. Die Seele muss gänzlich vergessen haben, woher sie kommt und dass sie im Grunde niemals manipulierbar ist. Verstehst du, was ich meine?

Nicht wirklich. Erscheint mir kompliziert.

Es ist im Grunde ganz einfach. Der Schleier des Vergessens ist noch dichter.

Ja, aber ich verstehe es trotzdem nicht.

Weil es nicht zu verstehen ist, du musst es erkennen, wenn du dahinter blicken möchtest.

Wie ist es mit der Seele, die manipuliert? Muss die genauso viel vergessen? Ich meine, schließlich kommen wir von einem Ort vollkommener Harmonie und voller Liebe. Dann landet man hier und soll/muss/darf manipulieren, das ist bestimmt nicht so einfach.

Nein, ist es nicht, weil jede Seele mit der anderen verbunden ist. Nur Seelen, die sehr weit fortgeschritten sind, nehmen sich solcher Aufgaben an. Sie wissen, dass sie vieles vergessen werden und sie hoffen, dass sie sich im Laufe der Inkarnation erinnern werden. Sie haben kleine Bewusstseinserleuchtungen und können ab und an hinter den Schleier blicken. Das kannst du sehr gut bei dir selber erkennen.

Hallo? Wie meinst du das denn?

Sieh, du warst in deiner Jugend eine Person, die sehr viele Menschen manipuliert hat. Dies ging bis ins frühe Erwachsenenalter so. Sogar heute versuchst du ab und an zu manipulieren, oder?

Ja schon, aber das mache ich nur, weil ich nicht möchte, dass andere über mich bestimmen und mich verletzen. Das habe ich lange genug in meiner Kindheit erlebt, auch wenn ich dies selber gewählt habe.

Siehst du?

Was sehe ich?

Du hast es gewählt. In der Kindheit war alles vergessen. Du wusstest nichts von Manipulation. So hast du die Erfahrung gemacht, was Manipulation bedeutet. Du hast sie an Leib und Seele erfahren. Lange konntest du nicht verstehen, was geschieht. Als du es verstehen konntest, hast du die selben Methoden angewandt, um ebenfalls die anderen zu manipulieren. Es sollte dich niemand mehr verletzen.

Ja, was ist daran falsch?

Gar nichts, das waren deine gewählten Erfahrungen und die anderen Seelen haben dich dabei unterstützt. Eines Tages jedoch hast du etwas erkannt. Mit dem Erkennen wurde dir klar, dass Manipulation nicht der Weg ist, den du beschreiten möchtest. Du hast abgewogen, was du erfahren hast und bist zu einem Ergebnis gekommen.
Sicher, hin und wieder passiert es dir trotzdem, doch du wirst dir der Sache viel schneller bewusst und änderst dein Verhalten dementsprechend.
Eines Tages wirst du bemerken, dass du die Erfahrung der Manipulation komplett abgeschlossen hast und sie somit nicht mehr erschaffen musst in deiner Realität.

Ich dachte immer, nur Schwächlinge manipulieren, weil sie sich nicht anders durchsetzen können.

Seelen, die sich dieser Aufgabe angenommen haben, sind alles andere als schwach. Sie sind sehr viel stärker, als man annimmt. Schließlich führen sie diese Aufgabe sehr lange durch. Sie erfahren sehr lange das Gefühl der Ablehnung und der Einsamkeit. Wer möchte schon mit einem Menschen zusammensein, der ständig versucht, die Person anders zu machen als sie ist, oder sie zu seinen Zwecken einspannen will? Es gehört wirklich sehr viel Stärke dazu, da die Seelen häufig eine sehr enge Bindung zueinander haben. In den meisten Fällen stammen sie aus der gleichen Seelenfamilie. Es ist ein Geschenk, das die Seelen sich untereinander machen. Gemeinsam können sie so ihre schwierigsten Erfahrungen wählen und erfahren.

Ich weiß nicht, ob es das jetzt besser macht oder schlechter? Dass sie aus einer Familie sind?

Weder noch. Es gibt auch hier kein Besser oder Schlechter. Es findet keine Wertung, sondern eine Erfahrung statt.

Ich kann damit nicht sonderlich gut umgehen. Ich hab da so meine Erfahrungen gemacht.

Die du machen wolltest. Du wolltest erfahren, wie es ist.

Mag ja sein, aber nun muss ich wieder lernen oder erfahren, dass nicht alle Gruppen und deren Leitung manipulativ ist. Das ist emotional nicht so einfach. Verstandesmäßig schon. Da kann ich mir das vorsagen und gut ist. Verstand und Emotion sind aber nun einmal zwei verschiedene Dinge und ich bekomme das gerade nicht so unter einen Hut.

Ich finde, dass du das sehr gut machst. Du hast einen wesentlichen Schritt in deiner Entwicklung gemacht. Du hast dich erneut auf eine Gruppe eingelassen.
Manipulation geschieht immer. Sie gehört zum Erfahrungsfeld der Seelen, man kann sie nicht ausschließen. Du allein jedoch bestimmst, wie lange und in welchem Ausmaß du dich dieser Lernerfahrung hingibst.

Weißt du, für mich erscheint das unlogisch. Wie kann es gut sein, dass irgendwo auf der Welt, in irgendeinem Land, nennen wir es einmal China, die Regierung bestimmt, wie viele Kinder eine Familie haben darf und wie viele eben nicht? Wie kann es gut sein, wenn mehr Kinder zur Bestrafung führen? Oder, wie kann es sein, dass eine Regierung ihr ganzes Volk ins Unglück stürzt, nur weil einer meint, es wäre gerade einmal Zeit für einen kleinen Krieg?
Wie kann es sein, dass ein Staat Millionen ausgibt für Rüstung und Waffen, sein Volk aber verhungert?
Ich kann es nicht verstehen. Ich kann auch nichts Gutes daran finden, wenn man sein Volk so manipuliert.
Sag du mir, wie es sein kann, dass ein Volk dies mit sich geschehen lässt?

Warum wählt ihr solche Menschen als eure Regierung? Ihr wisst von Anfang an, dass sie euch manipulieren werden, oder?

Ja, schon und doch hoffen wir jedes Mal aufs Neue, es möge nicht so sein.

Siehst du?

Was sehe ich?

Ihr wollt es so. Ihr wünscht diese Erfahrung und schafft euch die passende Realität dazu. Ihr wollt erfahren wie es ist, manipuliert zu werden.

Oh Gott, das ist mir zuviel. Da kommt man sich ja total blöd vor. Auf der einen Seite jammert man, was alles schlecht läuft und auf der anderen Seite hat man es sich so ausgesucht. Im Kollektiv - vermute ich mal.

Richtig. Im Kollektiv. Diese Erfahrungen werden immer im Kollektiv erschaffen. Sie sind von großem Ausmaß und treffen nie nur eine Person oder Seele allein. Sie betreffen die Bevölkerung der Erde.
Wenn es nur eine einzige Seele wäre, die dies entschieden hat, so wäre das sehr manipulativ.

Tja, da hast du wohl Recht - senkrecht und waagerecht.

Hahahaha, der war wirklich gut.

Ich bin immer glücklich, wenn du lachst. Es stimmt mich unheimlich glücklich - eigenartig.

Findest du?

Ich weiß nicht - eigentlich ist es ein recht schönes und harmonisches Gefühl.

Du wirst lernen, diese Gefühle anzunehmen und zu verstehen, deine Zeit der Manipulation ist abgeschlossen.
Du hast deine Lektion gelernt, das war deutlich in der neuen Gruppe zu sehen.
Du hast gesagt, warum du hier bist, was du möchtest und was nicht. Selbst als es um die Anstandssache mit dem Essen ging, konntest du dich klar entscheiden, definieren und dein

Wunsch wurde respektiert. Niemand hat dich verachtet oder versucht, dich zu manipulieren. Niemand hat sich von dir manipuliert gefühlt, weil du nicht Manipulation sondern Sachlichkeit benutzt hast. Du hast dein Ich bin angewandt.

Von der Seite hab ich das noch nicht gesehen. Ich hatte viele Bedenken hinsichtlich dieser Sache. Ich war mir auch nicht so sicher, ob ich nicht doch lieber aufstehen und abhauen sollte.

Du hattest schlicht und einfach Angst, erneut manipuliert zu werden. Als du klar erkannt hast, dass dies nicht der Fall sein würde, warst du sicher und beruhigt. Der Kreislauf dieser Erfahrung hat sich hier geschlossen, meine Liebe.
Das Thema ist für dich gegessen, wie es die Gruppenleiterin so schön ausgedrückt hat.

Jetzt muss ich grinsen und zugeben, der Gag ist dir gelungen. Manipulation ist gegessen, das ist wirklich gut.

Sehnsucht

Dies ist ein sehr interessantes und intensives Thema für mich.

Möchtest du mir erzählen, warum es so ist?

Na ja, ich spüre diese Sehnsucht häufig. Sie ist von einer solchen Intensität, dass ich manchmal unheimlich traurig werde. Ich habe dann so Heimweh, dass ich denke, ich könnte es hier nicht mehr aushalten. Ich müsste jeden Moment zurück - verschmelzen – nur, um endlich wieder in dieser all umfassenden Liebe zu baden.

Das kann ich gut verstehen. Weißt du, woran das liegt?

Vielleicht weil ich es hier nicht finden kann?

Du hast es gefunden.

Wie meinst du das?

Diese bedingungslose Liebe, die du suchst, hast du schon gefunden. Sie ist in dir. Du musst nur lernen, sie anzunehmen. Wenn du sie annehmen kannst, kannst du sie ausstrahlen und somit kann sie tausendfach, ach was red ich, millionenfach zu dir zurückkehren. Solange du aber glaubst, es gäbe keine Erfüllung für dieses Bedürfnis, das man schlicht und einfach Liebe nennt - solange wird die Sehnsucht so stark sein, dass sie traurig macht.

Ich glaube nicht, dass ich mich jetzt besser fühle.

Du wirst dich mit der Zeit besser fühlen. Die Liebe, die du suchst, um deine Sehnsucht zu stillen, sie ist überall um dich herum.
Sie zeigt sich in den Menschen und Tieren, die dich umgeben. Du wirst sogar von Menschen geliebt, die du auf menschlicher Ebene nicht einmal kennst, weil du ihnen noch nie begegnet bist - und doch lieben sie dich.

Wow. Ich fühle mich irgendwie klein und beschämt, weil ich ein so großes Geschenk erhalte und es nicht bemerke.

Meine Liebe, du wirst es von Tag zu Tag mehr bemerken. Du wirst dich immer mehr darauf einlassen können - du ahnst es schon - es gehört zu deinem Erfahrungsbereich.
Die Menschen kommen und strahlen dich an. Sie finden dich wunderbar und einzigartig, obwohl sie dich zum ersten Mal sehen. Weißt du, woran das liegt?

Ich denke schon. Sie sehen mich mit dem Herzen.

Richtig. Sie sehen dich mit dem Herzen und mit ihrer Seele und die Seelen kennen sich schon viele Millionen Jahre. Sie erkennen sich sofort wieder. Du spürst es, indem dein Herz einen kleinen Hüpfer macht. Du fühlst unendliche Liebe für einen Menschen, den du noch nie gesehen hast. Sogar die Äußerlichkeit des Menschen vergisst du, weil du von Seele zu Seele blickst.
Wieder andere Menschen sind da, sie berühren dich, strahlen dich an - wollen dich unbedingt wiedersehen, weil auch sie dich bzw. deine Seele schon so lange kennen. Sie haben viele Jahre auf den Augenblick des Wiedersehens gewartet und dieser Moment ist einzigartig.
Diese Seelen begleiten dich häufig in einer schwierigen Phase in deinem Leben. In einer Phase, in der du am wenigsten damit gerechnet hättest, dass jemand deinen Schrei, deine Sehnsucht nach Liebe vernommen hätte.
Ihre Aufgabe besteht darin, da zu sein und dir diese Liebe zu geben - deine Aufgabe besteht darin, diese Liebe anzunehmen.
Manche dieser Seelen begleiten dich dein ganzes Erdenleben. Andere jedoch gehen nur ein Stück des Weges gemeinsam mit dir. Wenn diese Seelen aus deinem Leben gehen - dann verlassen sie dich nicht. Sie haben einfach ihre Aufgabe erfüllt. Um sich weiterzuentwickeln, haben sie noch andere Erfahrungen zu machen. Dass sie gehen heißt nicht, dass sie verloren sind. Das Band der Liebe wird die Seelen immer mit einander verbinden.

Was du, liebe Seele, lernen musst, ist, dass die Seelen nicht weiterziehen, um dich zu verletzen, sondern um ihre Aufgabe zu erfüllen. Ihre Erfahrungen zu machen, damit auch sie sich weiterentwickeln.

Somit ist deine Angst also unbegründet. Du kannst nichts verlieren. Du bist für immer mit diesen Seelen verbunden. Wenn du ihnen später oder in einer anderen Inkarnation erneut begegnest, dann wirst du es sofort spüren, erkennen und wissen. Lerne, dich zu öffnen wie eine Blume im Frühling. Sie ist zuerst verschlossen, doch wenn sie die ersten Sonnenstrahlen kitzeln, sie ihre Wärme und Zuneigung spürt, dann beginnt sie, sich zu öffnen. Sie blüht, solange es Zeit zum Blühen ist. Wenn die Zeit vorüber ist, zieht die Sonne sich zurück. Die Blume verliert ihre Blätter und zieht sich ebenfalls zurück. Ein kleiner Samen jedoch ist geblieben. Die Sonne ist fort, doch dies bedeutet nicht, dass sie im nächsten Frühjahr nicht wieder kommt. Und was glaubst du? Sie wird den kleinen Samen wärmen und somit die Blume erneut zum Erblühen bringen. Was ich dir damit sagen will?

Richtig. So wie die Sonne für eine Weile fortgeht - so verlassen dich geliebte Seelen für eine bestimmte Zeit. Irgendwann jedoch kehren sie zurück. Du wirst sie sofort erkennen und somit kannst du dich erneut öffnen. Dein ganzes Leben auf Erden ist beseelt. Lerne, dich wie die Blume zu öffnen. Hab Vertrauen in die Liebe und ihre vielen Gesichter. Du kannst die Sehnsucht nur stillen, indem du annimmst, was dir gegeben ist. Und glaube mir - es ist dir gegeben von Anfang an. Keine Seele muss ohne Liebe sein - keine, meine Liebe. Hab Vertrauen in den göttlichen Plan. Ihr alle seid geliebte Seelen Gottes, weil ihr alle Gott in seiner ganzen Vielfalt repräsentiert. Gott ist reine Liebe, reine Sehnsucht, reine Traurigkeit, reine Verletzlichkeit, reines Lachen, reines Blühen. Gott ist die Träne, die aus deinem Auge fließt, Gott ist das Lächeln, das aus deiner Kehle dringt. So wie er deine Stimme, dein Gefühl und dein Herz ist.

Du kannst niemals ungeliebt sein - weil Gott die reine Liebe ist - du bist Gott, denn du wurdest nach seinem Ebenbild erschaffen.

Ich spüre, dass die Sehnsucht nachlässt, sie tut nicht mehr so weh und sie stimmt mich nicht mehr traurig.

Das ist schön, sehr schön. Du beginnst zu erkennen, dass es keine Trennung von Gott gibt. Du bist hier - Gott ist hier. Es ist nicht so, dass du da bist und Gott da oben. Gott, die Quelle, wie auch immer ihr ihn nennen mögt, ist überall da, wo ihr seid. Er ist der Atem, die Luft, die Blume, das Tier, die Bäume - alles. Reine Energie. Die Quelle ist reine Energie - ihr seid reine Seelenenergie - es gibt keine Trennung - wir sind eins - alle. Es ist an der Zeit, dass alle Seelen diese Erkenntnis machen. Die Zeit dafür rückt immer näher. Wir werden bewusster. Dies ist die Zeit der Erkenntnis. Vieles wird sich mit der Erkenntnis ändern. Die Menschen, die Seelen, alles wird friedvoller werden, weil wir/ihr erkennen werdet - es gibt keine Trennung - es hat niemals eine Trennung gegeben - niemals. Selbst, wenn du auf die Erde kommst und alles vergessen hast - so bist du doch verbunden - nicht getrennt. Getrenntsein existiert nicht. Die Liebe, die du spürst, ist die Liebe in ihren verschiedenen Gewändern. Wenn du die allumfassende Liebe spürst - und ich weiß, dass du sie schon gespürt hast - dann hast du einen ganz klaren und bewussten Moment, dann weißt du ganz genau - Trennung existiert nicht - niemals.

Ja du hast Recht. Ich kenne das Gefühl. Meist spüre ich es in Momenten großer Einsamkeit oder Zufriedenheit.
Warum spürt man dieses Gefühl so selten? Warum ist die Sehnsucht um so vieles stärker?

Weil die Illusion des Getrenntseins so viele Jahrtausende aufrechterhalten wurde, dass es ein längerer Prozess ist, diesen Schleier zu lüften. Doch ihr seid dabei und das ist es, was es zu erkennen gilt. Damit ihr euch dessen auch bewusst seid, habt ihr Momente - Augenblicke - des Gewahrseins. In diesem Moment wisst ihr alles - fühlt ihr alles und seid euch eurer Ich bin Kraft vollkommen bewusst.
In diesem Moment wisst ihr, dass ihr göttlich seid. Dass ihr über die Macht verfügt, all das zu erschaffen, das ihr für eure Erfahrungen benötigt - ihr seid eins.

Sehnsucht, was bedeutet dieses Wort? Wenn wir es in seinen Ursprung versetzen dann spricht man von Sehen und Suchen - Sehnsucht. Du suchst ganz intensiv nach etwas, das du schon lange gefunden hast. Genau. Du hast es schon lange gefunden, weil du es noch nie verloren hattest. Die Sehnsucht ist lediglich ein Gefühl, das dir hilft, dich zu erinnern. Wenn du dich nach etwas sehnst, etwas suchst, dann machst du dich auf den Weg. Du möchtest das Ersehnte suchen und finden. Dann stellst du irgendwann fest, dass es schon immer da war. Du fasst dir an den Kopf und denkst dir: Wie konnte ich nur so nachlässig sein und das vergessen. Die ganze Zeit war das Er- sehnte, das Gesuchte da, in mir, doch ich konnte es nicht sehen.
Auf Erden wird ein Spruch benutzt, der das Ganze sehr gut versinnbildlicht.

Ach ja, und der wäre?

Warum in der Ferne suchen, wenn das Gute doch so nah.

Ups, den Spruch kenne ich zufällig auch.

Es gibt keine Zufälle meine Liebe, alles folgt einem Ziel.

So, da bin ich wieder. Zwei Tage später. Irgendwie hattest du mir wohl nichts zu sagen, zumindest kam nichts bei mir an.

Ich habe dir unendlich viel zu sagen meine Liebe, doch manchmal benötigst du eine Pause.

Gibt es zum Thema Sehnsucht noch etwas, das du sagen möchtest?

Sehnsucht ist eines der schönsten Gefühle, wenn ich es ein- mal werten darf. Es führt dich zurück in das Bewusstsein der Einheit. Du erkennst, dass Trennung eine Illusion ist. Ohne das Gefühl der Sehnsucht ist dies für viele Menschen nicht mög- lich. Es fehlt Ihnen jegliche Erinnerung an die Einheit. Sie glau-

ben tatsächlich, dass sie getrennt von Gott leben. Was nicht möglich ist, da Gott, die Quelle, oder wie auch immer man es nennen mag, alles ist. Sie ist in allem, sie durchdringt alles - sie erfährt sich in allem, wie soll sie da getrennt sein von euch?

Na ja, zumindest sagt mir das, dass wir uns unsere Illusion der Trennung sehr gut erschaffen haben.

Ja, siehst du wie mächtig Ihr seid? Jeder einzelne von euch ist göttlich. Jeder von euch kann Wunder vollbringen, obwohl es keine Wunder sind. Es ist einfach nur die Kraft des Ich bin! Das ist alles.

Wenn ich es nicht besser wüsste, würde ich denken, aus deinem Mund klingt das, als wäre es nichts.

Es ist alles und es ist nichts. So wie alles - alles und gleichzeitig nichts ist.

Danke, nun hast du es wieder geschafft, mich zu verwirren. Wie kann alles, alles sein und gleichzeitig nichts? Wie soll das denn gehen?

Das, meine Liebe, ist ein anderes Thema. Es bezieht sich auf die Illusion eurer Realität. Wir werden zu einem anderen Zeitpunkt darüber sprechen. Heute jedoch nicht.

Na, wenn du es so möchtest. Mir soll es recht sein.

Dachte ich mir.

Und über was möchtest du gerne sprechen? Jetzt?

Über das Hier und Jetzt!

Oh Mann, das hab ich befürchtet.

Was heißt befürchtet? Ich weiß schon, was es heißt, doch was bedeutet es für dich?

Dass ich da ein Problem mit der Wahrnehmung habe. Aber lass uns das Kapitel eröffnen, dann können wir darüber sprechen, einverstanden?

Aber sicher, meine Liebe, sehr gerne.

Hier und Jetzt

Ehrlich gesagt, ist dies ein eher problematisches Thema für mich.

Möchtest du mir sagen, warum?

Ich schwelge mehr in der Vergangenheit oder in der Zukunft. Die Gegenwart, sprich das Hier und Jetzt, sind mir weniger geläufig.

Was glaubst du, warum das so ist?

Das weiß ich nicht ganz genau, ich weiß nur, dass es so ist.

Versuche, es zu beschreiben - die Gründe dafür anzuführen, vielleicht finden wir eine gemeinsame Lösung.

Okay. Vieles, was ich erlebt habe, war so schmerzhaft, dass ich es nicht vergessen kann. Anderes war so schön und traumhaft, dass ich es nicht vergessen möchte. Also erinnere ich mich ständig, damit ich es nicht vergesse. Mit der Zukunft sieht es so aus, dass ich mir gerne vorstelle, was ich erreichen möchte - wohin ich mit meiner Familie, meinen Träumen und Wünschen hingelangen will. So beschäftige ich mich ausschließlich mit den beiden Kategorien und habe wenig Zeit, mich in das Hier und Jetzt zu versetzen.

Manchmal bist du im Hier und Jetzt, auch wenn das eher selten der Fall ist. Im Moment z.B. bist du vollkommen präsent. Das ist etwas Anderes.

Wieso?

Weil mir die Arbeit mit dir Freude macht. Sie erfüllt mich und macht mich glücklich. Vor dir hab ich keine Angst - ich weiß, du würdest mir nie Schaden zufügen.

Die Menschen um dich herum fügen dir ebenfalls keinen Schaden zu. Was du erfährst, sind Erfahrungen, die du machen wolltest. Vieles von dem, was du dir vorstellst, geschieht in der Realität. Du erschaffst sie dir. Deine Neigung geht dahin, dass du mehr an die Erfüllung der weniger angenehmen Erfahrungen glaubst. Du verleihst ihnen somit mehr Energie. Sie können sich wesentlich schneller manifestieren als die anderen.

Jetzt bin ich wieder da wo ich immer bin - ich bin der Trottel und die anderen sind großartig.

Das ist deine Sicht der Dinge. Wir sehen das anders.

Ach ja, wie seht ihr das denn? Das würde mich interessieren.

Wir, meine Liebe, sehen es so, dass du dir sehr viele Erfahrungen ausgesucht hast, die, sagen wir einmal, eher von der schmerzhaften Seite sind. Es erfordert sehr viel Kraft und Mut, sich diese Aufgaben herauszusuchen, bzw. sie sich zu erwählen. Die Personen, sprich Seelen, um dich herum, haben ebenfalls eine wichtige Aufgabe. Sie erfüllen den Rahmen, damit du deine Erfahrungen machen kannst.
Was das mit dem Hier und Jetzt zu tun hat?

Ja, das würde ich zu gerne wissen?

Ganz einfach, meine Liebe, du sammelst Erfahrungen. Das tust du im Hier und Jetzt. Ausgehend von den Erfahrungen deiner Vergangenheit. Wobei es weder Vergangenheit noch Zukunft gibt. Es gibt nur das Hier und Jetzt.

Das hab ich noch nie kapiert. Ich weiß doch, was ich erlebt habe. Also, was vorher war. Gut, ich weiß nicht, was in Zukunft kommt aber ... hm.

Was aber?

Na ja, vielleicht weiß ich ja doch, was in Zukunft kommt. Derweil, ich erschaffe sie mir ja wohl selber oder?

Ja, du und das Kollektiv.

Oh, die haben auch einen Einfluss darauf?

Alles hat einen Einfluss auf alles. Ihr seid miteinander verbunden. Die mächtigste Verbindung ist die Seelenverbindung auf energetischer Ebene.

Ja, aber warum gibt es nur das Hier und nicht das Gestern und Morgen?

Das wiederum ist ein Irrtum.

Hä? Wie meinst du das? Das ist mir zu hoch!

Entschuldige, dass ich lache.

Bitte, bitte, Hauptsache du hast deinen Spaß.

Ihr seid sehr schnell mit Worten zu verwirren. Gestern, heute, morgen. Vergangenheit, Gegenwart, Zukunft - alles eins. Jetzt in diesem Moment. Du erschaffst es jetzt. Selbst, wenn du dir nicht darüber im Klaren bist, bzw. es dir nicht bewusst ist, ist es die Summe deiner Erfahrungen, die deine Realität erschafft. Gestern und morgen - Vergangenheit und Zukunft, das sind Zeitfenster meine Liebe, die für euch erschaffen wurden. Das ist für euch die Möglichkeit, einen größeren Überblick zu erhalten.

Ich könnte jetzt so tun, als würde ich das alles verstehen, aber ich glaube, ich muss mir darüber erst einmal meine Gedanken machen.

Musst du eigentlich nicht - kannst du aber, wenn du möchtest. Im Grunde genommen weißt du das alles. Es ist dir nur nicht vollkommen bewusst.

Wir machen eine Pause. Denke darüber nach und Ruhe dich aus. Ich denke, wir werden heute etwas mehr zu besprechen haben. Es gibt wirklich sehr viel, was wir euch mitteilen möchten. Es kann euch eine Hilfe bzw. Unterstützung auf eurem Weg sein. Bis nachher meine Liebe.

Bis nachher.

So, da bin ich wieder.

Schön, dann können wir uns ja weiter unterhalten.

Ja, wenn du möchtest, kannst du noch ein bisschen über die Zeitfenster erzählen.

Ist doch eigentlich ganz leicht zu verstehen.

Ach ja, für dich vielleicht, Tz, Tz, Tz.

Stell dir einfach wieder die Kreuzung vor. Du kannst immer nur in eine Richtung sehen. Du hast noch nicht den vollkommenen Überblick. So ist es mit den Zeitfenstern auch. Sie dienen euch, um den Überblick zu erweitern.
Es ist genau so, wie du sagst. Die Vergangenheit kannst du sehen - weil es passiert ist - die Zukunft bedingt, wenn du dir die Mühe machst, dein Tun zu beobachten. Ihr habt Schwierigkeiten, das Jetztfenster zu nutzen.
Ihr befindet euch darin und seht doch nichts. Wie eurer beliebter Ausspruch: „Ich sehe den Wald vor lauter Bäumen nicht mehr."
Manchmal muss man einen Schritt beiseite treten, um das zu erkennen, was direkt ist.
Ihr jedoch tretet keinen Schritt beiseite, sondern zurück oder vor. Während ihr etwas tut, widmet ihr eure Aufmerksamkeit entweder der Vergangenheit oder einer möglichen Zukunft - nicht aber dem Jetzt.

Okay, dass in die Vergangenheit blicken nicht besonders effektiv ist, das verstehe ich ja, aber was ist falsch daran, in die Zukunft zu blicken?

Es ist nichts falsch daran. Es geht darum, wie du in die Zukunft blickst. Wenn dein Fokus auf der Blume liegt, kannst du nicht wissen, wie der Baum aussieht. In der Zukunft, die du als deine Realität erschaffen willst, möchtest du jedoch einen Baum und keine Blume, verstehst du?

Mal sehen, du gehst davon aus, dass, wenn mein Fokus auf der Blume liegt und nicht auf dem Baum, dass ich mir dann für die Zukunft die Blume und nicht den Baum erschaffe. Was weiter bedeuten würde, dass ich wohl sehr enttäuscht von meiner Zukunft wäre, weil ich mir etwas Anderes gewünscht habe. Aber eigentlich hab ich das bekommen, was ich fokussiert habe.

Ich sehe, du hast mich sehr gut verstanden. Es bedeutet einfach, wenn du dich im Hier und jetzt nicht auf das fokussierst, was dir wichtig ist, dann wirst du eine Realität erschaffen, die nicht unbedingt deinen Erwartungen entspricht. Sicher, sie mag dir vielleicht gefallen und du kannst auch in einer anderen Realität Erfahrungen machen - aber eben andere.
Es ist wichtig, dass du hier bist, wenn du hier etwas tust. Du erntest in der weiteren Realität das, was du im Hier und Jetzt säst. Und zwar das, worauf dein Fokus liegt.
Sitze hier und schreibe und träume von einer Blume. Dann wirst du wahrscheinlich eine wunderschöne Blume erschaffen und kreieren - aber das mit der Schriftstellerei könnte schwieriger werden. Es ist ganz einfach: Sei dir dessen, was du tust, bewusst - das ist alles. Mehr braucht es nicht. Wenn der Fokus auf dem liegt, was du tust, dann fließt deine Energie dorthinein. Je mehr Energie - je größer die Kraft, die sich aufbaut und je schneller wird die gewünschte Realität von dir erschaffen. Du lebst das Erdenleben, das du dir vorgenommen hast zu leben, da du im Hier und Jetzt lebst. Gestern ist im Zeitfenster gestern und vorbei - du änderst es nicht mehr - morgen kommt vielleicht. Womöglich so, wie du es dir erschaffen hast, wenn dein Fokus stimmt. Heute - jetzt, das ist das, was zählt. Das ist es, über was sich viele Menschen bewusst werden sollten, damit sie ein erfülltes Leben führen können. Erfüllt im Sinne von dem, was die jeweilige Seele sich an Erfahrungen vorgenommen hat.

Das ist nicht ganz so einfach. Man lebt einfach.

Das ist der Punkt meine Liebe. Man lebt einfach, ohne sich der Einzigartigkeit dieser Möglichkeit bewusst zu sein. Alles ist so, wie es ist, weil es so ist, wie es ist. Sicher ist das vollkommen in Ordnung so. Ihr müsst nicht jeden Tag vor Ehrfurcht erstarren, aber es wäre schon schön, wenn ihr euch hin und wieder der Schönheit des Planeten bewusst wärt.
Oft verlasst ihr den Planeten mit den Worten: War das alles? War das mein Leben?
Ihr seid euch dessen nicht bewusst, was ihr erlebt habt. Ihr wisst nicht einmal genau, welche Erfahrungen ihr gesammelt habt. Das passiert, wenn man nicht im Hier und Jetzt lebt. Alles, was ihr im Hier und Jetzt wahrnehmt, wird bewusst erlebt. Sicher, ihr speichert auch die unbewussten Erfahrungen ab, doch ist es nicht besser, zu erkennen, was ich erfahren habe?

Ja , du hast ja Recht.

Es gibt eine Menge Möglichkeiten, um im Hier und Jetzt zu sein. Übe es, indem du eine Blume betrachtest. Ganz intensiv. Sieh dir an, wie ihre Blätter beschaffen sind, berühre sie mit deinen Händen – fühle, wie zart und zerbrechlich ihre Blüte ist. Nimm ihren Duft wahr. Wenn du dich vollkommen auf sie einlässt, dann kannst du ihre Energie fühlen und sehen, du vernimmst die Stimme der Blume.

Die Stimme der Blume?

Es mag dir unwahrscheinlich vorkommen, doch alles hier im Universum hat seinen eigenen Klang und das weißt du auch. Du weißt es seit gestern Abend. Nicht wahr?

Ich weiß nicht, was du meinst.

Doch, das tust du. - Die Musik. Du dachtest, es käme aus dem Zimmer deines Sohnes und wie verwundert warst du, als du festgestellt hast, dass er schon schläft. Du hast sogar für Stille

gesorgt, nur um festzustellen, ob die Musik verschwindet. -
Und, ist sie etwa verschwunden?
Als was hast du sie am Ende eingestuft? Du musst es nicht
sagen, wenn du nicht möchtest, aber wir beide wissen es.

Ja, ja, gut, du hast Recht. Es ist gewesen, wie du gesagt hast
und am Ende hab ich es als Himmelsmusik eingestuft - um
genau zu sein, als Seelenmusik. Ich hab so etwas noch nie
zuvor gehört und ich habe mir zuerst die Frage gestellt, ob ich
bescheuert bin.

Nein, aber vollkommen im Hier und Jetzt. Da hört man alles,
jedes Lebewesen, jedes Tier, jede Pflanze. Alles, was ist, hat
ihre eigene Energie und seinen eigenen Klang oder Ton. Du
hast sicher schon einmal vom Weltenton gehört, oder?

Kann sein, dass ich da mal etwas aufgeschnappt habe.

In diesen Dingen musst du noch lockerer werden, wie ihr zu
sagen pflegt. Du solltest deiner Wahrnehmung vertrauen. Sie
führt dich dahin, wohin du möchtest.
Okay, ich denke, dass du verstanden bzw. erkannt hast,
warum es wichtig ist, im Hier und Jetzt zu sein. Ich denke, mit
ein wenig Übung und Konzentration wirst du das auch errei-
chen.

Die Illusion der Realität

Nachdem wir nun ausführlich über das Hier und Jetzt gespro-
chen haben, kannst du dir sicher besser vorstellen, was ich
mit diesem Thema anspreche.
Es geht darum, dass ihr euch eure Realität erschafft. In den
seltensten Fällen jedoch ist es die Realität, die ihr euch zu er-
schaffen gedacht hattet. Ihr kamt mit einem Plan ins Hier und
Jetzt. Der einen Seele ist der Plan bewusster, bei der anderen
ist er unbewusster. Es kommt jedoch keine Seele ohne Plan. Ihr
nehmt euch vor, euch die Realität zu erschaffen, die ihr be-
nötigt, um die Erfahrungen zu machen, die euch in eurem
Plan weiterbringen werden. Den Seelen, die im Hier und Jetzt
verankert sind, wird das auch gelingen. Sie erschaffen sich
die Realität, die sie wollen. Sie sind auf ihr Ziel fokussiert.
Die Seelen, die mehr in den Zeitfenstern verharren, erschaffen
sich natürlich auch eine Realität, nur nicht unbedingt die, wel-
che sie sich vorgestellt haben. Manchmal gelangen sie über
Umwege doch noch an ihr Ziel, die anderen jedoch erschaf-
fen sich eine Scheinrealität - eine Illusion von einer Realität,
die sie glauben, zu benötigen. Verstehst du mich?

Ja, seltsamerweise ist mir das total logisch. Da muss ich nicht
drüber nachdenken, das verstehe ich sofort.
Nun muss ich nur noch überlegen, wie ich da herauskomme.
Wobei ich mir das auch nicht wirklich überlegen muss - ich
muss mich fokussieren auf das Hier und Jetzt.

Richtig. Das ist alles, was du tun musst, der Rest ergibt sich von
alleine. Ihr habt die Macht, euch all das zu erschaffen, was ihr
wollt. Wenn es eine Scheinrealität ist, so ist sie das - doch dann
ist sie nichts weiter als eine Illusion.
Manchmal sprecht ihr davon und sagt: Ich glaube, ich habe
das falsche Leben gelebt. Das stimmt nicht ganz - ihr habt nur
eine Illusion erschaffen. Nicht die Realität, die für euch von
großer Bedeutung gewesen wäre, sondern irgendeine Reali-
tät. Ihr entwickelt euch. Ihr lernt und geht weiter, aber das,
was ihr erfahren wolltet, warum ihr gekommen seid, das bleibt
euch verwehrt.

Nur, ihr könnt euch diese Realität erschaffen, um genau diese Erfahrungen zu machen.

Ja, aber ich bin doch nicht die einzige Seele, die da involviert ist. Da sind doch auch andere daran beteiligt. Warum können die nicht die von mir gewünschte Realität erschaffen?

Sie dienen dir. Sie würden sich niemals in deine Entscheidungen einmischen. Du hast jederzeit den freien Willen. Du kannst dich immer anders entscheiden - tust du dies oder das. Es ist und bleibt deine Entscheidung. Die Seelen dienen dir in jedem Fall. Sie manipulieren dich aber nicht.

Oh Mann, das klingt ein klein wenig eigenartig. Irgendwie super, weil autonom und eigenständig und irgendwie doof, weil weggegangen - Platz vergangen oder so ähnlich.

Es ist nicht gänzlich so, dass alles sofort weg ist, wenn du einen anderen Weg einschlägst. Die Seelen erinnern dich. Manchmal tauchen sie kurz auf - in der von dir jeweils geschaffenen Realität. Wenn du aufmerksam bist, dann durchschaust du die Illusion und kannst die Realität verändern; wenn nicht, ist es, wie wenn du fern siehst und dich fragst, was das für Personen in dem Film sind. Du stellst fest, die passen da gar nicht hin. Also, entweder ignorierst du sie, oder du denkst über ihre Aufgabe nach. Die Entscheidung liegt aber in jedem Falle bei dir. Niemals bei den anderen. Du bist der Hauptakteur in deinem Film. Die anderen spielen nur eine Nebenrolle. Eine sehr wichtige, zugegeben, aber eben nur die Nebenrolle. Du bist Hauptdarsteller und Regisseur in einem. Du hast das Drehbuch geschrieben. Es wird so gespielt, wie du es wünschst.

Wenn ich mir nun eine Illusion aufbaue, was ja vorkommen kann, wie kommen dann die dazu passenden Menschen, bzw. Seelen, hinzu? Ich kam doch mit einem völlig anderen Gepäck im Rucksack ?

Das hast du sehr schön gesagt, nun muss ich mich erst einmal auslachen, hahahaha.

Ich finde es immer schön, wenn du dich amüsierst. Mir ist die Frage jedoch ernst.

Das weiß ich sehr gut, meine Liebe, darum möchte ich ja auch darauf eingehen.
Es ist ganz einfach. In dem Moment, in dem du deine Realität veränderst, geht deine Energie ins Universum. Sofort wird es Seelen geben, die sich zur Verfügung stellen, um dir zu dienen.

Das ist alles? Die stehen irgendwo da oben und warten auf Ihren Einsatz (Fragezeichen im Gesicht)?

Wenn du es so nennen willst, dann ja. Es sind Seelen, die nicht inkarniert sind. Es ist ihnen jederzeit möglich, in einen Körper zu schlüpfen und dir zur Verfügung zu stehen. Was ich damit sagen möchte ist: Sie verfügen über das gesamte Wissen. Sie haben nichts vergessen. Sie sind jederzeit befähigt, dort einzusetzen, wo du sie erschaffst.

Stopp, Moment. Die tauchen einfach auf und keiner weiß, woher sie kommen oder wie?

Na, sagen wir mal so. Stell dir vor, du lernst auf einer Reise einen Menschen kennen, weißt du dann sofort, woher er kommt? Wie er lebt? Ob er Familie hat? Usw. Weißt du das? Oder ist der Mensch einfach da? Du lernst ihn kennen und er erzählt etwas von sich?

Na ja, wohl eher das Letztere.

Ich kann deine Frage sehen (lacht).

Ach ja?

Ja, und ich kann dir sagen, dass du von keiner Seele weißt, ob es so ist, wie sie sagt, oder?
Sie kann dir sonst etwas erzählen und du nimmst es an.

Ja, aber trotzdem. Wenn ich jemanden kennen lerne und man versteht sich gut, dann schreibt man sich, besucht sich, telefoniert, was weiß ich?

Ja, und manchmal reist der Kontakt einfach ab oder?

Gut, der Punkt geht an dich. Das würde ja auch bedeuten, wenn ich jemanden kennen lerne aus heiterem Himmel und der verschwindet plötzlich auf Nimmerwiedersehen, dann bin ich irgendwie auf dem falschen Dampfer unterwegs.
Wenn du dir dann dessen bewusst wärst, ja. Du könntest das Schiff verlassen an einem Hafen und auf ein anderes Boot steigen. Oder du fährst einfach weiter, weil du dir nicht darüber bewusst bist, was häufiger der Fall ist.

Ich finde, du hast es leichter.

Wieso?

Na ja, du schwebst schließlich über der Kreuzung. Du kannst alles gleichzeitig sehen und erkennen. Ich jedoch komme vielleicht mal kurz dahinter, weil ich einen lichten Moment habe. Ansonsten lebe ich das Leben, das ich mir erschaffen habe und stelle später fest: Ups, falsche Baustelle. Das ist schon irgendwie blöd.

Deine Metaphern sind wunderbar, köstlich und amüsant.
Lass dir von mir gesagt sein, so etwas wie eine falsche Baustelle gibt es nicht - nur eine andere.

Macht es das besser?

Ich finde schon. Wenn ich auf einer anderen Baustelle bin, kann ich ja später wiederkommen und zur richtigen gehen oder?

Na ja, wenn man es so sehen will und unendlich viel Zeit hat, dann schon.

Auch ich war auf verschiedenen Baustellen. Nicht jede entsprach unbedingt dem, was ich wollte.

Nun komm aber, du bist ein aufgestiegener Meister. So falsch können deine Baustellen ja nicht gewesen sein.

Nein, falsch nicht, nur anders. Sicher wird über viele meiner Leben (Baustellen) berichtet. Und doch gibt es auch Baustellen, auf denen ich nur zu Gast war, ohne einen bestimmten Aspekt zu erfüllen, der später in den Geschichtsbüchern stand.

Oh, du meinst, wenn eine Inkarnation gut verlaufen ist, man bedenke, ich war auf der richtigen Baustelle, dann taucht das irgendwo auf?

Ja. Es steht geschrieben.

Oh schön, wo stehen meine richtigen Baustellen vermerkt?

In der großen Chronik der Seelen. Tut mir leid, wenn ich dich jetzt enttäuscht habe, weil du nicht in einem Geschichtsbuch stehst.

Du könntest wenigstens versuchen, dir das Lachen zu verbeißen. Tue wenigstens so, als wärst du ernst.

Du musst ja selber lachen.

Das ist ja wohl etwas anderes. Ich kann ja wohl auch über meine Eitelkeit lachen, oder?

Ja, aber ich hoffe, du hast in deiner Eitelkeit etwas erkannt?

Wie meinst du das?

Ich sagte, es steht etwas geschrieben, oder?

Ja, aber nicht in den Geschichtsbüchern.

Nein, nicht in den Geschichtsbüchern, sondern?

Keine Ahnung, woher soll ich das wissen. Ich habe noch keine Ahnenforschung betrieben, um festzustellen, ob ich schon mal da war und ob das festgehalten wurde.

Wie war das mit dem Wald und den Bäumen?

Man sieht vor lauter Wald die Bäume nicht mehr.

Richtig und du siehst vor lauter Buchstaben den Text nicht mehr. Es steht etwas geschrieben, meine Liebe.

Oh Mann (mit der Hand an die Stirn klatschen)! Sicher, es steht hier geschrieben, hier mit dir. Das würde für mich bedeuten, es läuft gut. Ich erschaffe die Realität, die für meine Erfahrungen richtig und wichtig ist. (Auch wenn ich manchmal wenig davon beeindruckt bin.)

Genau. Du bist auf dem richtigen Weg. So würdest du das nennen. Einen falschen Weg gibt es nicht. Der Weg ist das Ziel , das ist alles, was es dazu zu sagen gibt.

Jetzt bin ich wieder total perplex. Erstens, weil ich so lange brauche, bis ich was begreife und zweitens, weil ich es so wunderbar finde, dass ich das erfahren darf. Das ist ein so wunderbares und einzigartiges Gefühl, einfach unbeschreiblich. Ich bin total dankbar und demütig, auch wenn ich nicht im Dreck liege.

Demut hat nichts mit Erniedrigung zu tun. Aber es ist sehr schön, dass du den wichtigen Aspekt erkannt hast. Es freut mich, wenn ich dieses Strahlen in deinen Augen sehe. In deinen Augen spiegelt sich deine Seele. Glasklar und rein, voller Liebe und Mitgefühl. Dankbarkeit und auch Stolz sind vorhanden und doch weißt du genau, was deine Aufgabe ist.

Ich fühle mich gerade so gerührt, so wunderbar. Es ist ein wirklich angenehmes und gutes Gefühl.

Du bist im Hier und Jetzt. In deiner Realität. Die Realität, die für dich wichtig ist. Keine Illusion.

Ich danke dir und würde dieses schöne Gefühl gerne eine Weile genießen. Können wir eine Genusspause einlegen?

Sehr gerne, meine Liebe, genieße das Gefühl, angekommen zu sein im Hier und Jetzt. Genieße es, erkannt zu haben, dass die Realität stimmig ist - keine Illusion.
Sei willkommen.
Kuthumi für dich.

Danke.

Na, über was sprechen wir denn heute?

Über was würdest du gerne reden?

Außerkörperliche Erfahrungen!

Die kennst du doch schon.

Sollte eigentlich nur ein kleiner Scherz am Rande sein.

Warum? Wir können gerne darüber sprechen.

Von mir aus, wenn du etwas dazu sagen möchtest - bitte.

Außerkörperliche Erfahrungen

Schlicht und einfach ausgedrückt, deine Seele geht auf Wanderschaft. In der Regel tut sie das in der Nacht unbewusst, oder in der Meditation bewusst.

Eigentlich müsste meine Seele das immer bewusst tun, oder? Sie weiß doch, wann sie geht oder wiederkommt?

Deine Seele schon, dein Ego aber nicht. Du bist mit deinem Ich und somit mit deinem Ego verbunden. Für die beiden existiert eine außersinnliche Erfahrung kaum. Sie haben keinerlei Erinnerung an solche Erfahrungen. Also, wie sollen sie deiner Meinung nach bewusst damit umgehen?

Oh, ich dachte, hier sind alles so schlau und jeder weiß von jedem, was er gerade tut oder nicht.

Im Prinzip ist das auch so. Es geschieht eben nur alles auf der bewussten oder unbewussten Ebene.

Hm, ich weiß nicht, ob ich das jetzt richtig zusammen bringe. Das klingt leicht verwirrend für mich. Kannst du mir ein wenig helfen?

Sicher kann ich das, doch zuvor denke ich, solltest du eine Pause machen. Du hast sehr viel heute getan und du benötigst nun Ruhe. Wir werden später oder morgen darüber reden. Ich freue mich schon jetzt darauf, denn ich erwarte einen anregende Diskussion mit dir.

Ja, das ist ja mal etwas ganz Neues. Ich diskutiere doch nicht. Wie kommst du denn darauf?

Keine Ahnung, manchmal kam es mir tatsächlich so vor. Hihihihihi.
Bis demnächst, meine Liebe.

Bis demnächst, mein Lieber.

Da bin ich, wir können die Diskussion starten.

Oh, wie nett, du hast heute eine sehr nette Art an dir. Ich habe den Eindruck, du fühlst dich bereit für dieses Erlebnis!

Klar, ich bin immer bereit, mit dir zu sprechen. Ich muss zugeben, dass ich mich mit zunehmender Zeit an dich und unsere Art der Kommunikation gewöhne. Ich werde sicherer. Die Zweifel hören auf. Das ist wirklich eine sehr gute Erfahrung.

Das freut mich sehr. Ich höre es gerne, wenn du dich gut fühlst.
Dann lass uns einmal beginnen. Wie gesagt, außerkörperliche Erlebnisse basieren auf der Wanderschaft deiner Seele. Die Seele verlässt ihr Haus, sozusagen. Wobei auch das nicht vollkommen zutreffend ist. Es ist eher so, dass du mit deinem Bewusstsein eine so hohe Stufe erreichst, dass du überall sein kannst, wo du möchtest. Im gesamten Universum. Es gibt keine Grenzen mehr. Wobei es die sowieso nur in eurem Verstand gibt.

Danke, dass du uns bewusst machst, wie beschränkt wir sind - auch wenn es nur in Denkweise ist.

Ihr seid auf vielen Ebenen beschränkt - wobei ich das Wort eingeschränkt bevorzugen würde.

Danke, das klingt wenigstens nett.

Aus diesen Gründen gibt es Seelen, Menschen, wie immer du es bezeichnen magst, die außerkörperliche Erfahrungen machen. Das sind die Menschen, die euch davon berichten können, damit ihr lernt, eure eigenen Beschränkungen aufzuheben. Ihr habt euch selber diese Beschränkungen auferlegt und nur ihr könnt sie euch nehmen. Das ist eurer freier Wille - eure Entscheidung. Es gibt Menschen, die in dieser Inkarnation nichts davon erfahren - es steht nicht in ihrem Plan.

Wie spüre ich, dass ich soeben eine außerkörperliche Erfahrung mache? Woran erkenne ich das?

Es ist einfacher, als du annimmst. Du siehst Dinge, von denen du weißt, dass du sie noch nie zuvor gesehen hast. Du weißt genau, dass das, was du siehst, existiert. Nehmen wir einmal deine Erfahrungen mit der Lichtbrücke. Du weißt genau, dass es so ist – auch, wenn du nicht aus dem Fenster sehen kannst und die Lichtbrücke entdeckst.

Woher weißt du das? Ich habe nicht mit dir darüber gesprochen!

Ich weiß es einfach, meine Liebe. In diesem Moment hast du eine außerkörperliche Erfahrung gemacht. Du bist an jenem Ort gewesen.

Ne, ne, das war eine Eingebung, bzw. eine Vision. Das war es, keine Reise oder sonst etwas. Schließlich saß ich hier am PC und habe geschrieben. Ja, das war es, eine Vision.

Entschuldige, dass ich lache, ich möchte nicht, dass der Eindruck entsteht, dass ich mich über dich lustig mache. Ich lache nur, weil es so herrlich amüsant ist, wie du immer wieder versuchst, dich deiner Fähigkeiten zu entziehen.

Schön, dass du mich nicht auslachst. Fähigkeiten. Ich entziehe mich nicht. Ich nehme sie doch an. Ich schreibe ja auch mit dir und laufe nicht mehr weg, oder?

Ja, da hast du Recht, aber, dass du reisen kannst, das willst du lieber nicht wissen, oder?

Ich bin mir nicht sicher, ob das so richtig ist. Woher soll ich den Unterschied zwischen einer Vision und einer „Reise" kennen? Für mich sind das Bilder, die ich sehe, wahrnehme und beschreibe. Das ist nicht so, wie dabei sein.

Erzähle mir, wie es war, als du „die Bilder gesehen hast" Wie waren deine Gefühle? Wie hast du die Bilder gesehen?

Na ja, ich fand es emotional, einfach nur wunderschön. Ich war zutiefst gerührt und angetan von dem, was ich sah. Die Farben waren so wunder, wunderschön, das kann man in Worten kaum beschreiben. Ich sah die Seelen auf der Brücke stehen. Sie standen vor mir. Ich konnte in die Ferne blicken und dann sah ich die nächste Ebene. Es war so, als stünde ich dabei.

Weil du dabei gestanden hast.
Deine Finger müssen nun nicht auf der Tastatur einfrieren und du kannst aufhören, die Augen zu verdrehen. Du weißt genauso gut wie ich, dass du dabei gewesen bist. Was macht dir Angst?

Na ja, ich bin mir nicht ganz sicher, ob das nicht etwas mit verrückt sein zu tun hat. Irre und so, du weißt ja bestimmt, was ich meine?

Tut mir leid, nun kann ich mich nicht mehr halten.
Du glaubst also, wenn du dir eingestehst, dass du reisen kannst, außerkörperlich, dann bist du verrückt und irre, ja? Wenn du jedoch mit jemanden redest, den niemand im Raum außer dir wahrnimmt, dann bist du vollkommen normal?

Danke, das ist ja äußerst aufbauend. Jetzt hast du es geschafft. Ich fühle mich großartig. Jetzt kann ich mir von vorn überlegen, ob ich bedeppert bin.

Nein, das kannst du nicht. Du solltest dir einfach eingestehen, dass du das, was du an Fähigkeiten mitgebracht hast, ausleben und nutzen kannst.

Oder so! Ich denke darüber nach.

Mir wäre es lieber, du würdest es erkennen, das hat etwas mit deinem Herzen zu tun. Verstehen, darüber nachdenken, ist Logik - Logik ist Verstand - Verstand ist gut - für die Dinge, in denen du deinen Verstand brauchst - aber hier ist deine Seele gefragt - nicht dein Verstand, meine Liebe.

Ich stelle einen Antrag an mein Gehirn, es möge sich zurückziehen und meine Seele walten lassen.

Ich liebe es, dir zuzuhören. Du bist einmalig. Deine Art des Humors wird viele Menschen erreichen. Es wird ihnen erleichtern, das anzunehmen, was hier geschrieben steht.

Lass uns noch einmal kurz zurückkehren. Was ist dann der Unterschied zwischen der Vision und der außerkörperlichen Erfahrung? Kannst du das bitte kurz für die Leser definieren?

Ja.
Der Unterschied besteht darin, dass du bei einer außerkörperlichen Erfahrung alles intensiver wahrnimmst. Du hast das Gefühl, dabei zu sein.
Bei einer Vision ist es so, dass du das Gefühl hast, ein Beobachter zu sein.
Verstehst du, was ich meine?

Ja. Ich hab mal etwas gelesen, das klang irgendwie anders.

Erzähle es mir!

Na ja, man beschrieb die Erfahrungen so, dass die besagten Personen das Gefühl hatten, aus ihrem Körper zu steigen. Sie konnten sich sehen. Unterhalb ihrer Seele. Zudem hatten sie das Gefühl, dass es sehr schwierig, bzw. ein Gefühl wäre, von zurück in den Körper gerissen zu werden, wenn die Seele wieder in den Körper eintritt. Diese Gefühle hatte ich nicht. Ich hatte wohl das Gefühl, dabei zu sein - es zu erleben. Intensiv zu sehen und zu fühlen. Bei mir war aber kein Gefühl von aus dem Körper schweben, sich selber sehen und dann mit einem abrupten Schlag zurückgerissen zu werden. Es war alles eher sanft und leicht. Ein Gefühl von fliegen - Freiheit. Ich verstand, ohne nachzudenken. Alles war so klar. Keine Fragen - nur verstehen - bzw. erkennen.

Dann wieder da - aber das Bild verblasst nicht, es bleibt lebendig. Und doch bin ich mir der Gegenwart vollkommen bewusst. Verstehst du, was ich sagen will?

Es ist anders als das, was ich gelesen habe.

Es ist wunderschön. Ich kann nicht mal sagen, es war wunderschön, denn das würde bedeuten, dass es gewesen ist, das ist aber nicht so. Es ist - immer. Verstehst du?

Ja, natürlich verstehe ich. Es ist. So, wie du sagst. Es war nicht - kommt wieder - zieht vorbei oder so. Nein, es ist - immer und ewig.

Du hast die Stimmigkeit dessen erfahren. Du bist dir dessen bewusst.

Der Unterschied des „Reisens" besteht in der Stimmigkeit, meine Liebe. Die Seele, die stimmig reist, muss nicht abrupt den Körper verlassen und dann schnell zurückkehren, wenn sie es bemerkt. Sie muss nicht erschrecken, weil sie denkt: Oh mein Gott, da unten ist mein Körper, ganz allein, wenn ich nicht zurückkomme, überlebt er nicht. Oder, noch schlimmer, ich habe kein Haus mehr, in dem ich leben kann, um meine Erfahrungen zu machen.

Halt! Stopp!

Was denn?

Machst du dich gerade lustig über mich, oder uns?

Nein, in kleinster Weise. Ich erwähne das, was Fakt ist. Seelen, die sich ihrer Macht nicht bewusst sind, erschrecken. Ruckartig kehren sie zurück. Seelen, die ihre Macht erkannt haben, können sanft gleiten. Sie wissen, sie haben lange schon erkannt, dass ihre Macht und ihr Bewusstsein grenzenlos ist.

Okay, damit komme ich klar. Es klang erst ziemlich herabsetzend in meinen Ohren. Das lag dann wohl an mir.

Du bist dir der Verantwortung dessen, was du tust, bewusst und das ist gut so. Ich habe dich ausgewählt, weil ich erkannte, dass du eine sehr bewusste Seele bist.
Wir wählen unsere Kontakte sorgfältig aus. Auch in den verschiedenen Inkarnationen gibt es Bewusstseinsstufen. Du kannst in dieser Inkarnation sehr weit fortgeschritten sein und in der nächsten vollkommen unbewusst leben. Verstehst du? Die Seele wählt bewusst. Und wir wählen unsere Kontakte ebenfalls bewusst.

Ist das nicht etwas, das wir vorher im Plan vereinbaren?

Nein, aber wir schweifen vom Thema ab.

Trotzdem, dass interessiert mich jetzt. Ich dachte, das wäre ebenso klar.

Nein. Jeder aufgestiegene Meister, wählt sich sein Medium, durch das er seine Botschaften verkünden möchte, selbst. Ich sehe die Seelen und erkenne ihren Bewusstheitsgrad. Dies mag sich vielleicht eigenartig oder auch herablassend anhören - ist es aber nicht. Es ist meine Verantwortung für die Seele. Wenn die Seele einen bestimmten Bewusstseinsstand noch nicht erreicht hat, besteht die Gefahr, dass das Ego und somit der Verstand dagegen spielen. Hier können verrückt sein und Wahnsinn auftreten. In diesem Moment ver-rückt die Seele. Das Ego übernimmt und meldet, das kann nicht sein, das gibt es nicht. Und somit rücken sie auseinander. Kannst du mir folgen.

Ja, ja ich verstehe.

Gut, aber ich möchte es hiermit gut sein lassen.

Nahrung

Warum stöhnst du und verdrehst du die Augen, wenn ich mit dir über Nahrung sprechen möchte?

Na ja, ich bin nicht so der Lichtnahrungstyp.

Was oder wer ist ein Lichtnahrungstyp?

Na ja, es gibt Menschen, die können sich von Licht ernähren. Die benötigen keine Nahrungsmittel im herkömmlichen Sinne. Eine Zeitlang haben mir verschiedene Menschen immer wieder erklärt, das ist die ultimative Art, sich zu ernähren. Dann gesellten sich die Vegetarier dazu und was es sonst noch so gibt. Ich passe in keines dieser Schemata.

Möchtest du in eines dieser Schemata passen?

Eine Zeitlang dachte ich, das wäre wichtig und von Nöten. Heute denke ich anders darüber.

Wie denkst du heute darüber?

Jeder sollte das essen, was ihm schmeckt.

Das ist grundsätzlich richtig.

Was meinst du mit grundsätzlich?

Es wäre schon schön, wenn ihr noch ein klein wenig auf die Menge achten würdet. Zudem wäre es wichtig, dankbar zu sein.

Ja, das ist richtig, aber ebenfalls ein umstrittenes Thema.

Warum?

Na ja, auf der einen Seite soll ich den Tieren dankbar sein, dass sie für mich sterben und mich so mit dem versorgen, was ich brauche - und auf der anderen Seite ist dies doch selbst gewählt oder?

Bedingt hast du Recht.

Wieso nur bedingt?

Ein Tier hat nicht den gleichen freien Willen wie du. Du kannst sagen, ich stelle mich hierfür oder dafür zur Verfügung. Das tue ich, weil ich es entschieden habe. Das Tier hat es nicht entschieden - es ist einfach so. Es gehört zu seinem vorbestimmten Lebensplan.

Du meinst also - huhu - Überraschung - du wirst gefressen? Keine Vorahnung? Keine Warnung?

Trieb und Instinkt in erster Linie. Wir befassen uns damit, den Tieren mehr Bewusstsein zukommen zu lassen.
Es gibt verschiedene Tierarten, die schon einen sehr starken Willen aufzeigen. Nehmen wir bei den Hunden z.B. den Richback oder den Jack Russel Terrier. Sehr beliebt sind auch die kleinen Pekinesenhunde. Auch sie bestimmen weitestgehend, wo es langgeht. Selten ist es das Herrchen oder das Frauchen, das entscheidet.

Super, ich stelle mich als Futter zur Verfügung. Spitzen Job.

Jeder hat seine Aufgabe. Die Tiere die ihren und ihr die euren.

Das klingt trotzdem etwas makaber, wenn ich ehrlich bin.

Es geht um die Dankbarkeit. Man erweist dem Tier, der Pflanze oder sonst einer Nahrungsquelle seinen Respekt und seine Achtung für das, was es tut. Verstehst du? Man würdigt es. Früher wurden Rituale abgehalten. Sie dienten dazu, dem jeweiligen Tier die höchst möglichste Achtung und Ehrerbietung darzubringen dafür, dass es uns stärkte und nährte. Heute ist der Mensch dazu übergegangen, es als selbstverständlich anzunehmen, dass das Tier ihm gehört.

Da stimme ich mit dir überein. Wir glauben wirklich, wir hätten das Recht, uns alles anzueignen und über alles zu bestimmen.

Dabei geben uns die Tiere so unendlich viel. Nun mal abgesehen von der Nahrung. Tiere lieben bedingungslos, das ist einfach wunderbar.

Das, meine Liebe, wird unser nächstes Thema sein. Vorerst möchte ich, dass ihr euch der Liebe der Tiere bewusst seid, die ihr Leben zur Erhaltung eures Lebens geben. Das ist das, was ich zum Thema Nahrung zu übermitteln habe.

Ob ihr euch nun fleischlos ernährt oder nicht, sei euch überlassen. Nahrung ist in Fülle auf der Erde vorhanden. Wenn ihr hungrig seid, so werdet ihr genährt. Bittet und euch wird gegeben.

Genauso, meine Liebe, steht es geschrieben und so verhält es sich auch.

Es grüßt dich Kuthumi.

Bedingungslose Liebe

Ich nehme an, du hast bemerkt, dass du eine Lektion in bedingungsloser Liebe erhalten hast, meine Liebe.

Ich nehme an, wir sprechen über den Besuch meiner Schwester und ihrem Baby.

Ja, das tun wir. Wir sind besonders stolz auf dich. Du hast die Situation sehr gut gemeistert, obwohl du stark auf die Probe gestellt wurdest.

Das war mit Sicherheit keine leichte Situation. Es fällt einem nicht besonders leicht, wenn man mit einer ähnlichen oder gleichen Situation konfrontiert wird. Depressionen sind nicht einfach zu ertragen. Ich hatte das Gefühl, man hält mir einen Spiegel vor die Nase und sagt, da schau rein, du hast dich genauso verhalten. Es war nicht leicht, angemessen darauf zu reagieren aber ich habe mich bemüht. Obwohl ich sicher bin, dass einige meiner Reaktionen nicht ganz so angemessen waren.

Von welchen Situationen sprichst du?

Na ja, vielleicht hätte ich mehr Verständnis und Ruhe aufbringen müssen. Manchmal war ich doch ziemlich barsch und bestimmend. Allerdings sah ich keinen anderen Weg zu diesem Zeitpunkt.
Ich möchte schon, was heißt schon, ich möchte selbstverständlich, dass es den beiden gut geht, aber es war nicht einfach, die Kleine so zu sehen. Sie ist meine Schwester und ich fühlte mich sehr hilflos.

Du hast ihr das gegeben, was sie am meisten gebraucht hat - deine bedingungslose Liebe. Du hast ihr immer und immer wieder versichert, dass, egal was sie tut und sagt, dass du sie liebst. Dass du ihr eine Stütze sein wirst - diese Liebe wirst du tausendfach zurückbekommen.

Hab ich ja schon. Ich bekomme sie durch meine Familie - meinen Mann und meinen Sohn. Ich bekam sie auch von meiner Schwester und von dem kleinen Baby. Ich bin mir dieser Liebe bewusst.

Das freut mich sehr, zu hören. Nicht immer warst du dir dieser Gefühle bewusst. Es freut mich umso mehr, dass du dir in einer schwierigen Situation dieser Gefühle bewusst wurdest und sie trotz allem auch sehen konntest. Du hast es geschafft, hinter den Vorhang zu blicken. Deine Sicht hat sich erweitert.

Danke, ich fühle mich nun auch besser. Vorhin fühlte ich mich etwas unwohl, weil ich dachte, nicht genug getan zu haben. Zudem dachte ich, ich hätte ihr noch mehr Zeit hier geben müssen.

Du hast richtig gehandelt, meine Liebe. Ihr beide habt in dieser kurzen Zeit sehr intensive Erfahrungen gemacht. Ihr braucht nun beide den Freiraum, diese zu verarbeiten. Dies war kein Abschied für immer - nur auf Zeit.

Ja, ich weiß. Ich war über mich selbst erstaunt, dass ich meiner Mutter Grüße ausrichten ließ.

Auch das ist ein Anfang, der bedingungslose Liebe ankündigt. Es wird hier noch eine Weile dauern, bis du hinter den Vorhang siehst, aber du wirst erkennen und dann auch hier die bedingungslose Liebe leben.

Irgendwie fällt mir das ein klein wenig schwer. Schon die Vorstellung scheitert.

Zur Zeit wehrst du dich noch dagegen. Du hast dich lange Zeit auch gegen andere Erfahrungen gewehrt und sie doch gemacht, da sie in deinem Lebensplan enthalten sind. Auch diese Aufgabe ist in deinem Lebensplan enthalten und du wirst sie zu gegebener Zeit erfahren.

Man könnte meinen, du hättest meinen Lebensplan gelesen.

Hab ich auch!

Mann, bist du neugierig, man liest nicht in anderer Leute Post.

Hahaha, das gefällt mir. Nicht in anderer Leute Post.
Ich hab mich sehr amüsiert.

Freut mich, ich bin immer total happy, wenn du dich freust und lachen kannst.
Das mit der bedingungslosen Liebe ist eine schmerzhafte und schwierige Sache. Zumindest empfinde ich es so. Wenn ich versuche, mit meiner Schwester zu sprechen, dann ist es so, als würde ich gegen eine Mauer sprechen. Sie ist sehr kühl und abweisend. Na ja, vielleicht empfinde ich das nur so. Ich versuche, nicht beleidigt und verletzt zu sein. Es gelingt mir nur bedingt. Ich habe wirklich Probleme, die Situation so anzunehmen.

Es ist sehr wichtig, dass du deiner Schwester mit Rat und Tat zur Seite stehst. Wobei das in diesem konkreten Fall bedeutet - es auszuhalten. Die Situation zu meistern mit Durchhaltevermögen. Alle Aufgaben, die mit der Liebe verbunden sind, sind schwierig. Liebe ist für euch eine eher schmerzhafte Erfahrung. Deine Schwester kann auf diese Art und Weise lernen und erfahren, dass egal, was sie tut, sie von dir geliebt wird. Du gibst ihr sehr viel, auch, wenn du den Eindruck hast, dass es dich sehr viel kostet.

Es kostet mich Zurückhaltung. Na ja, wobei kosten das weniger korrekte Wort ist - es lehrt mich Zurückhaltung. Es zeigt mir, dass es an der Zeit ist, mich in den Hintergrund und sie in den Vordergrund zu rücken. Es geht darum, auf sie und nicht auf mich zu schauen. Zumindest löst es diese Gedanken bei mir aus.

Damit hast du sicherlich Recht. Doch in aller erster Linie geht es um eure Beziehung zueinander. Diese Beziehung hat einen karmischen Charakter. Du machst etwas wieder gut und das sorgt für den Ausgleich.

Na, so etwas Ähnliches habe ich schon vermutet.

Zudem lernst du hier, nicht vorschnell zu agieren und die Situation geduldig aus verschiedenen Blickwinkeln zu betrachten. Du erfährst, dass Liebe vielseitig ist und sich auf verschiedene Art und Weise zeigen kann. Die Liebe ihres Mannes ist anders als die Liebe des Kindes. Diese wiederum ist anders als deine.
Trotzdem ist jede Liebe auf Ihre Art bedingungslos.

Warum tut es mir weh?

Weil du Angst hast, mein Liebe. Du hast Angst vor der Liebe. Es gehört zu deinen Aufgaben, der Liebe vertrauen zu lernen.

Oh mein Gott. Dass macht mir erst recht Angst.

Das wissen wir und doch wirst du diese Aufgabe bestehen. Wir wissen es.

Ich freue mich sehr, dass ihr es wisst. Wäre toll, ich würde das genauso wissen oder sehen.

Du weißt es ebenfalls.

Es freut mich, dass du das so siehst, da fehlt mir noch etwas der Weitblick.

Du bist schon sehr viel weiter gekommen in deiner Entwicklung. Du lernst, dass Liebe nichts mit tun zu tun hat.
Liebe ist einfach - bedingungslos. Nichts muss dafür getan oder gesagt werden. Liebe ist. Alles andere hat nichts mit Liebe zu tun.
Wenn ich etwas von dir fordere, damit du mich liebst, dann ist das manipulativ. Es hat wenig mit Vertrauen zu tun.
Ich vertraue nicht darauf, dass du mich liebst, sondern ich tue etwas dafür oder ich fordere etwas dafür. Sollte hier ein Gefühl entstehen, dann hat dies wenig Substanz. Es wird nur von kurzer Dauer sein und schnell an seiner Intensität verlieren.
Wenn es wahre, bedingungslose Liebe ist, dann wird sie von

Dauer sein und alle Stürme überstehen. Hinter aller Verlet-
zung, hinter allem Schmerz, Trauer, Freude, Hoffnung und
allen anderen Gefühlen, wird immer die Liebe sein. Du lüftest
den Schleier der Illusion. Während andere sich trennen, wirst
du mit der Person zusammen sein, weil du hinter den Schleier
gesehen hast. Und was verbirgt sich dahinter - hinter all den
Emotionen? - Richtig! Reine, bedingungslose Liebe - sonst
nichts.
Jedes Wesen verdient es, bedingungslos geliebt zu werden.
Ich sehe deine Zweifel - doch ich sage jedes - und ich meine
jedes.
Was du siehst, im Vordergrund, ist die Illusion, die erschaffen
wurde, um verschiedene Erfahrungen zu machen. Mögen sie
in deinen Augen auch noch so furchteinflössend und unver-
ständlich sein - so ist es doch so, dass es nur eine Illusion ist.
Hinter all dem steht reine, bedingungslose Liebe.
Denke dir, jede Seele, die sich bereiterklärt, diese Aufgaben
zu erfüllen, muss von reiner Liebe erfüllt sein, denn sie gibt dir
die Möglichkeit, die für dich jeweils passende Erfahrung zu
machen.

Ich verstehe, was du sagst und eigentlich erkenne ich es auch
und doch ist mein Horizont noch beschränkt. Das Gefühl des
Unverständnisses und der Hilflosigkeit ist noch stark vorhanden. Wenn ich manche Dinge sehe, dann kann ich kaum verstehen, dass dies mit Liebe zusammen hängen soll.
Da fehlt mir noch etwas der Weitblick.

Auch ihn wirst du mit der Zeit erhalten. Mit zunehmender Ent-
wicklung deines spirituellen Körpers setzt das Erkennen ein.
Du musst nur Geduld haben. Ziehe dich immer wieder zur In-
nenschau zurück. Gehe in die Natur. Meditiere und lass dei-
nen Körper als Kanal fungieren.
Alles andere ergibt sich von selbst, meine Liebe.
Ein weiteres interessantes Thema wird das Spiegeln sein.

Ja, ich bin schon dabei, auf diesem Gebiet Erfahrungen zu
sammeln.

Gut, dann lass uns darüber reden.

Spiegeltechnik

Was kannst du dazu erzählen? Was sind deine Erfahrungen damit?

Na ja, in den letzten paar Tagen hab ich massive und eindrückliche Erfahrungen damit sammeln können.

Meine Schwester hat mir knallhart den Spiegel vorgehalten und mir gezeigt, wie ich teilweise war oder bin.

Es war sehr schmerzhaft. Zum einen, zu erkennen, wie schlecht es ihr damit geht und zum anderen, genau zu wissen, dass ich mich genauso verhalten habe. Das war sehr anstrengend. Ich konnte in ihrem Verhalten mir gegenüber erkennen, dass auch ich zu bestimmten Zeiten sehr hilflos und einsam bin. Ich sah die Verzweiflung und die Trauer, die auch in mir vorhanden sind.

Ich dachte nicht, dass ich das einmal so deutlich sehen würde. Zudem konnte ich bei dieser Spiegeltechnik ebenfalls erfahren, wie hilflos man sein kann. Man möchte ganz unbedingt helfen und kann es doch nicht.

Das stimmt so nicht, meine Liebe. Du hilfst sehr viel - schon alleine damit, dass du in den Spiegel siehst.

Es ist nicht einfach, sich seine Schwächen einzugestehen. Im Gegenteil. Es erfordert sehr viel Mut und Durchhaltevermögen. Du besitzt beides, meine Liebe.

Ja, aber trotzdem fühle ich mich hilflos. Und bestimmte Sätze lösen Schlüsselreize und Gefühle in mir aus. Sätze wie: Du verstehst mich nicht! Ich habe Angst! Die Angst ist so groß! Am Ende werde ich alleine sein! Niemand will mich, alles schicken mich weg. Ich bin für alle eine Belastung.

Was lösen diese Worte in dir aus?

Hilflosigkeit, Traurigkeit, Angst, auch etwas Ärger, Unmut, Verzweiflung, Einsamkeit. Ich kenne die Sätze und die Gefühle, da ich sie selber so gesprochen und erlebt habe.

Dies, meine Liebe, dient zur Heilung deiner Gedanken und Gefühle. Du siehst in den Spiegel und erkennst etwas. Du kannst es so nur schwer bis gar nicht sehen oder erkennen, also benötigst du eine Seele, die es dir spiegelt. Sie spiegelt es dir, indem sie deine Worte benutzt.

Heißt das nun, wenn ich alles erkannt und geheilt habe, dann hat meine Schwester wieder Ruhe und fühlt sich besser? Bin ich am Ende wirklich Schuld, so wie sie es gesagt hat?

Das hier ist keine Frage von Schuld. Hier geht es um spiegeln - erkennen - verstehen - handeln. Auch du spiegelst ihr sehr viel und auch sie hat noch sehr viel zu lernen. In ihrem normalen Umfeld kann sie das nicht erkennen, in deiner Gegenwart jedoch schon. Du bist der Spiegel für sie und sie ist der Spiegel für dich.

Klingt ja eigentlich ganz schön. Wir sehen uns an, blicken in unsere Seelen und erkennen unsere ungelösten Aufgaben. Auf diese Weise können wir die uns noch fehlenden Erfahrungen machen. Ist eigentlich wirklich schön.

Eigentlich?

Na ja, ich fühle mich schon etwas mies dabei, wenn ich bedenke, dass ich auf ihre Kosten diese Erfahrungen sammeln kann.

Was denkst du, wie es war, als sie dich die Tage beschimpfte und schlecht behandelte? Denkst du nicht, dass auch sie so dafür gesorgt hat, ihre Erfahrungen zu machen?

Ja, schon, aber das ist etwas Anderes.

Warum?

Na ich bin die Ältere. Ich kann mehr wegstecken.

So, denkst du?

Na ja, ich glaube schon irgendwie. Obwohl das ja auch nicht ganz helle ist, oder?

Ganz helle, klingt urkomisch. Ich denke aber, bzw. ich erkenne es ganz deutlich, dass sich deine Gedanken und Überlegungen zu wandeln beginnen. Du bist sehr viel bewusster geworden. Vieles nimmst du nun bewusster wahr und kannst so mehr Inhalt erkennen.
Dies ist für deine Weiterentwicklung von enormer Bedeutung. Wenn du in den „normalen Spiegel" blickst, weißt du oft nicht genau wer oder was du bist - doch spiegelst du dich in einer dir verwandten Seele, so weißt du ganz genau, wer oder was du bist. Ein Blick durch die Augen in die Seele offenbart alles.

Hallo, meine Liebe. Viele Tage sind vergangen, seit wir das letzte Mal Kontakt zu einander hatten. Wie geht es dir und was hast du in dieser Zeit erlebt?

Im Prinzip geht es mir gut.

Was bedeutet - im Prinzip? Was kann oder soll ich darunter verstehen?

Na ja, ich bin geduldiger geworden (grins). Das Baby lehrt mich, geduldig zu sein und ich denke, ich bin auch ein Stück erwachsener geworden.
Der Blick in den Spiegel ist ziemlich ernüchternd. Auf der einen Seite sehe ich all das, was ich auch bin. Auf der anderen Seite sehe ich, dass ich so eigentlich gar nicht sein will. Ich versuche, bestimmte Dinge schöner zu machen oder weg zu leugnen. Es ist jedoch so, dass ich sehr deutlich erkenne an meinem Gegenüber, dass ich genauso bin. Ich mag wohl einen Schritt weiter sein als meine Schwester und doch war ich einmal genauso.
Es tut weh, wenn man sieht, dass man nicht wirklich helfen kann.

Wie kommst du auf die Idee, dass du nicht helfen kannst?

Es fühlt sich so an.

Es ist aber nicht so. Du hilfst ihr und vor allen Dingen dir. Durch den Blick in den Spiegel kannst du alte Wunden und Verletzungen heilen. Du erkennst wichtige Zusammenhänge und kannst dir vieles erklären.

Wird es ihr bald besser gehen?

Das, meine Liebe, gehört nicht zu deinen Aufgaben. Es liegt an ihr, welchen Weg sie geht. Auch sie hat die Möglichkeit, in dir einen Spiegel zu sehen. Den Spiegel der Zukunft allerdings. Wenn sie es möchte, wird sich ihre Situation verändern. Was genau die richtige Situation für sie ist, steht allein in ihrem Lebensplan. Ich bitte dich, dies zu bedenken und zu berücksichtigen. Sie trifft die Entscheidungen - nicht du, meine Liebe.
Sie hat verschiedene Möglichkeiten. Dort, wo sie sich befindet, kann sie in sehr viele Spiegel blicken. Es ist ihre Wahl, für welchen Spiegel sie sich entscheidet. Sie allein weiß, was richtig und wichtig für ihre Entwicklung ist.

Irgendwie klingt das traurig.

Warum?

Weil es sich so anfühlt, als würde sie einen Weg wählen, der in meinen Augen nicht unbedingt erstrebenswert ist.

Du hast es richtig definiert. Es ist in deinen Augen und in deinem Lebensplan nicht erstrebenswert, das bedeutet jedoch nicht, dass es für sie nicht erstrebenswert ist.
Im Grunde wusstest du es die ganze Zeit. Aus genau diesem Grund hast du sie doch dorthin gebracht, wohin sie musste. Du warst ihr eine Hilfe und Unterstützung, aber du bist nicht die Art von Spiegel, die du gerne sein würdest. Es ist gut, sich damit auseinander zu setzen. Sieh dir die verschiedenen Spiegel an, urteile nicht, akzeptiere, dass jede Seele ihren eigenen

Weg geht und ihrem eigenen Lebensplan folgt.
Was siehst du in der Seele des Kindes?

Mut, Stärke, Kraft und Vertrauen. Zuversicht, dass da noch etwas kommt, was gut ist. Der Glaube und die Hoffnung, das Richtige getan zu haben. Gottvertrauen eben.

Richtig. Wie einst bei dir. Du hast die gleichen Stärken wie die kleine Seele, die vor dir liegt. Sie wird ihren Weg gehen und es wird der richtige Weg für die Seele sein.
Du spiegelst dieser Seele ebenfalls Vertrauen, Zuversicht, Hoffnung, Liebe - bedingungslose Liebe, Urvertrauen. Du gibst ihr Stärke und Kraft - aus diesem Grunde ist die kleine Seele bei dir. Du gibst ihr einen großen Teil an Erfahrungen und Gefühlen mit auf den Weg. Dies wird die kleine Seele für ihren Weg benötigen. Es wird kein einfacher Weg sein - doch er ist selbst gewählt - vertraue - vertraue darauf, dass wir bei euch sind.
Hiermit ist das Thema der Spiegeltechnik abgeschlossen. Du, meine Liebe, hast deine Lektion daraus gelernt.
Ich danke dir, dass du mit uns diesen Weg gegangen bist.

Ich danke euch, dass ihr mir diesen Weg aufgezeigt habt. Dadurch konnte ich wirklich sehr viel lernen, erfahren und begreifen.
Danke Kuthumi.

Loslassen

Dies ist ein Bereich, von dem ich weiß, dass er dir nicht unbedingt leicht fällt. Um so wichtiger ist es, dass wir darüber sprechen.
Es ist nicht von Nöten, dass du alten Ballast mit dir herum schleppst. Und du, meine Liebe, schleppst jede Menge Ballast mit dir herum. Er erschwert dir unnötig den Weg. Nicht, dass du dein Ziel damit nicht erreichen würdest, es kostet dich nur unnötige Energie. An dein Ziel kommst du auf jeden Fall.

Warum fällt es mir so schwer, das Alte loszulassen? So toll waren die meisten Dinge ja auch nicht. Ich müsste sie weiß Gott nicht die ganze Zeit mit mir herum schleppen und trotzdem bekomme ich sie irgendwie nicht los.

Du hast Angst.

Wie? Ich habe Angst?

Du hast Angst, wenn du das Alte aufgibst, dass nichts Neues nachkommt. Dass eine Lücke oder Leere entsteht, oder noch viel schlimmer, dass etwas viel Schlechteres nachkommen könnte. Es fehlt dir an dem nötigen Vertrauen. Dem Vertrauen darauf, dass das, was kommt, besser ist.

Autsch, jetzt hast du mich erwischt. Ich hab tatsächlich oft Angst. Irgendwie ist es das, was ich kenne. Es wird selten besser.

Aber es wurde schon besser oder?

Ja, es wurde schon besser.

Was glaubst du, woran es lag?

Keine Ahnung.

Tue nicht so, du weißt es! Aber ich werde es dir gerne sagen. Deine Wünsche unterliegen dem freien Willen. Wenn du dir vorstellst, dass es schlechter wird, dann wird es das. Wenn du dir vorstellst, dass es besser wird, dann wird es das - es liegt in deiner Macht. Wir bringen das, was gewünscht wird.
Um Neues zu erfahren, muss man Platz dafür machen. Wenn du dir neue Kleider oder Schuhe kaufst, dann wirfst du auch etwas Altes aus dem Schrank, damit du Platz für die neuen Sachen hast. Genauso verhält es sich mit den Erfahrungen und Segnungen des Universums. Du musst etwas Altes loslassen, um etwas Neues zu empfangen.

Theoretisch weiß ich das, ich hab Schwierigkeiten, das in die Praxis umzusetzen.

Du hast in jüngster Zeit sehr viel losgelassen. Du hast sehr viel verziehen und losgelassen. Es konnte dadurch heilen und du hast die Möglichkeit, neue, bessere, beglückendere Erfahrungen zu machen - und die Segnungen zu erhalten, um die du schon so lange gebeten hast.
Es ist nicht so schwer, loszulassen. Das Wichtigste ist, zu erkennen, dass es Zeit ist, loszulassen. Für dich war hierfür die Spiegeltechnik sehr wichtig. Du bist ein Mensch, der den Fokus auf das Sehen legt, um zu erkennen. Wir haben dir diesen Wunsch gewährt und es gab und gibt die Seele, die dir dabei hilft.
Du hast Verletzungen auf dich genommen und wieder losgelassen. Du hast nicht zugelassen, dass sie die Beziehung zu den anderen Seelen vergiften. Das war und ist ein sehr großer Schritt in deiner Bewusstseinsentwicklung und wir sind sehr froh darüber, dass es funktioniert hat.
Du warst und bist bereit Menschen, Situationen und Dingen zu verzeihen, von denen du vor ein paar Monaten noch ganz anders gedacht hast. Da erschien es dir unmöglich. Du hast eine Wandlung und eine Läuterung durchgemacht. Du hast zugelassen, dass deine Seele geheilt und gereinigt wird.
Wir sind sehr froh darüber, das Licht deiner Seele strahlt um ein Vielfaches heller als vorher. Die Schatten der Vergangenheit lösen sich und du wirst leichter. Somit schaffst du Raum für die neuen, spirituellen Erfahrungen.

Schon erstaunlich, was alles passieren muss, um das zu können.

Nicht passieren muss - sondern passieren darf. Es ist eine
Gnade, dass es Seelen gibt, die dies gemeinsam mit dir erfahren. Jeder profitiert in seiner Entwicklung von diesen Erfahrungen. Jeder lässt etwas Altes los, um etwas Neues
willkommen zu heißen. Dies ist der Verlauf der Evolution - so
war es schon immer. Im Geistigen, im Seelischen, im Materiellen. So ist der Lauf der Zeit, meine Liebe.
Nur wer loslässt, kann Neues erfahren, da er so den dafür vorgesehen Raum schafft.
In diesem Sinne, lass alles Alte los, alle alten Wunden, Verbit-
terungen, Erinnerungen, Gedanken, Sorgen, Nöte, Schmer-
zen und Leid.
Lass all das los und lasse zu, dass etwas Neues, Besseres in
dein Leben kommt.
Es ist eine Kunst, loszulassen, doch wer diese Kunst beherrscht,
geht mit mehr Leichtigkeit durchs Leben.
Niemand erwartet, dass du so tust, als wäre das Vergangene
nicht geschehen - denn das ist es - aber, durch Festhalten
wird sich nichts verändern. Du wirst stagnieren in deiner Entwicklung. Der Kreislauf wäre unterbrochen, bzw. angehalten.
Geben, nehmen, festhalten, loslassen, empfangen, weitergeben - das ist der Kreislauf der Evolution. Wer immerzu fest-
hält, kann nicht weiterschreiten. Verstehst du das, meine
Liebe?

Ja, ich verstehe das. Bei manchen Dingen jedoch fällt es mir
schwer, sie loszulassen und zu vergessen.

Nicht vergessen. Du kannst nichts vergessen, alles wird in der
großen Seelenkammer gespeichert. Nichts geht verloren. Vergessen und loslassen ist nicht dasselbe, meine Liebe.
Wenn ich vergessen möchte, dann verdränge ich in den meisten Fällen das, was geschehen ist. Dies wiederum kann viele
verschiedenen Dinge und Situationen bewirken. Manchmal
wird durch das Verdrängen der Körper krank. Das ist es mit Sicherheit nicht, was wir für euch wünschen.

Loslassen, das wünschen wir für euch. Akzeptieren und wissen, was geschehen ist - jedoch nicht, daran festhalten und verzweifeln. Es raubt euch wichtige Lebensenergie, die ihr für die Bewältigung und finden eurer Lebensaufgabe benötigt. Wir wünschen für euch loslassen - nicht vergessen, bzw. verdrängen.

Gut, ich denke, ich habe den Unterschied verstanden und den Sinn darin erkannt.

Wirst du es durchführen können?

In einigen Bereichen mit Sicherheit. In anderen wird es vielleicht noch etwas dauern, da bin ich noch mitten in der Entwicklungsphase, wie die Forscher und Wissenschaftler so schön sagen. Ich stecke da noch in den Kinderschuhen.

Das ist vollkommen in Ordnung so. Du bist und bleibst Gottes geliebtes Kind - egal, auf welcher Entwicklungsstufe du dich gerade befindest. Lies dir dieses Kapitel häufiger durch - es ist wichtig für dich.

Langsam naht die Zeit des Abschiedes, meine Liebe.

Das, was ich dir, bzw. den Seelen, mitteilen wollte, ist somit geschehen. Es war eine sehr angenehme und erhabene Zeit mit dir.

Siehst du, jetzt bekomme ich Schwierigkeiten.

Wie meinst du das?

Jetzt soll ich Abschied nehmen - loslassen. Ich könnte jetzt nicht behaupten, dass mir das leicht fällt.

Wie verhält es sich mit dem Abschied nehmen?

Ja, ich weiß, kein Abschied für immer - sondern ein Vorausgehen.

Ja, nur in diesem Fall ist es kein Vorausgehen, sondern eine vorübergehende Pause. Wir werden noch sehr viel miteinander zu besprechen haben. Derweil, meine Liebe, werden noch einige andere aufgestiegene Meister mit dir sprechen wollen - allen voran Christus - und das weißt du auch.
Schon einmal begann er mit dir zu sprechen, du erinnerst dich?

Ja, ich erinnere mich sogar sehr genau - nur ist der Text plötzlich verschwunden. Der Titel lautete: Mein treuer Begleiter.

Richtig, doch damals warst du noch nicht soweit.

Wie meinst du das?

Du hast nicht an das geglaubt, was geschehen ist. Du hast die Botschaften vernommen - aufgeschrieben - doch deine Zweifel waren so stark, dass du sie als lächerlich und verrückt abgetan hast.

Okay, das stimmt. Ich hatte Probleme. Ich dachte, ich spinne, weil ich mir nicht vorstellen konnte, dass Christus zu mir spricht.

Warum sollte ich nicht zu dir sprechen?

Ich fühlte mich nicht würdig, Herr.

Nenne mich bitte bei meinem Namen. Erhebe mich nicht, denn der Herr ist mein Vater.

Gut. Christus ist mir irgendwie auch lieber. Noch lieber mag ich Jesus oder Jesus Christus.

Sprich mich an, wie immer es dir beliebt, doch wisse, ich bin der Nächste, der zu dir spricht.
Ich möchte von der ewigen, allumfassenden, bedingungslosen Liebe zu dir sprechen.
Ich möchte dir meine Gedanken und Gefühle hinsichtlich der Menschheit mitteilen.
Wärst du bereit, dich dieser Aufgabe zu stellen?

Ja, ja - heute fühle ich mich bereit dazu. Ich zweifle nicht mehr an meiner Würdigkeit. Ich vertraue darauf, dass es richtig und wichtig ist, was geschieht. Es ist der Wille des Göttlichen, der geschieht und ich bin glücklich, daran teilzuhaben.

So sei dir gewiss, dass wir bald beginnen werden.

Kuthumi?

Ja, meine Liebe?

Ich danke dir, dass ich gemeinsam mit dir dieses Buch schreiben durfte.

Ich danke dir, dass ich es dir durchgeben durfte. Du bist ein sehr starkes Medium und wir freuen uns, auch in Zukunft mit dir zusammen arbeiten zu dürfen.

Ich nutze die Gelegenheit, das Buch anzukündigen, das ich mit dir bzw. durch dich schreiben werde.
„In Liebe für euch - Christus spricht!"

Dies ist der Titel des Buches.
Über den Inhalt sprechen wir dann, meine Liebe.
Leben, Licht, Liebe und Heilung - durch Christus, der Ich bin!

Epilog

Ich sitze immer noch hier voller Liebe und Dankbarkeit.
Zu Beginn des Buches hatte ich noch Zweifel und Bedenken,
was die Richtigkeit der Durchsagen anging. Wobei ich mehr
an meiner Würdigkeit zweifelte.

Im Laufe der Zeit, die ich mit Kuthumi verbringen durfte, sind
die Zweifel jedoch verschwunden.
Es ist für mich eine Gnade, die mir wiederfahren ist. Für andere
mag es verrückt, unglaublich oder sogar normal sein. Für
mich ist es eines der größten Geschenke, die mir im Leben,
also hier, in diesem irdischen Leben, wiederfahren ist.
Heute freue ich mich und mein Herz ist voller Liebe und Dankbarkeit.
Stolz erfüllt mich, dass ich die Worte der aufgestiegenen Meister verkünden darf.
Ich freue mich sehr auf die Zusammenarbeit mit Christus.
Schon als Kind habe ich die Geschichten über ihn geliebt. Mit
niemand war ich so stark verbunden wie mit Jesus Christus.

Mein Lieblingsgebet als Kind lautete:

Ich bin klein,
mein Herz ist rein,
soll niemand drin wohnen,
als Jesus allein!

Angela Moonlight

Danksagung

Zuerst möchte ich mich bei der geistigen Welt bedanken.
Bei den aufgestiegenen Meistern und bei meinem ersten Kontakt Kuthumi.
Du hast soviel Freude und Licht in meine Welt gebracht. Ich bin glücklich, dankbar und voller Liebe.

Im irdischen Bereich möchte ich mich zuerst bei meiner Familie, meinem Mann und meinem Sohn bedanken, dass Sie mir den Raum und die Zeit geben, das zu tun, wofür ich bestimmt bin. Diese Arbeit ist Teil meiner Lebensaufgabe und ich liebe sie.
Meine beiden Männer liebe ich dafür, dass sie so sind, wie sie sind und mich so lassen, wie ich bin.

Des weiteren möchte ich mich bei meiner Verlegerin Bettina Peters und Ihrem Mann Torsten Peters bedanken.
Mit ihrer Hilfe ist es möglich, dieses Buch zu veröffentlich.
Eurer Verlag stellt die richtige Plattform für diese/meine Bücher dar. Habt Dank für eure Arbeit und eure Bemühungen.
Möget Ihr immer mit Licht und Liebe gesegnet sein.

Dank auch an all meine Leser, ich danke euch, dass ihr dieses Buch gekauft und gelesen habt, das ich mit Hilfe der geistigen Welt - in diesem Falle mit Kuthumi - channeln durfte.

Im Januar 2008
Eure Angela Moonlight

www.angela-moonlight.de
info@angela-moonlight.de

Möget ihr alle immer von Licht und Liebe umgeben sein.

Weitere gechannelte Bücher von Angela Moonlight

Angela Moonlight
Wir sehen uns auf der Lichtbrücke Mama
ISBN 978-3-940868-19-0
Erschienen beim Hierophant-Verlag

Vorankündigung

In Liebe für euch – Christus spricht
Angela Moonlight & Jesus Christus
ISBN 978-3-940868-27-5
Erscheint im Jahr 2008 beim Hierophant-Verlag.

Angela Moonlight, die Engel und die aufgestiegenen Meister
Botschaften zur Heilarbeit von den Engeln
und den aufgestiegenen Meistern
ISBN 978-3-940868-28-2
Erscheint im Jahr 2008 beim Hierophant-Verlag.

Die Biografie von Angela Moonlight

Rette mich! Manche Kinder werden ohne Schutzengel geboren.
ISBN 978-3-940868-18-3
2. Auflage beim Hierophant-Verlag

Sie nannten es Heilung im Namen des Herrn (2. Teil)
ISBN 978-3-940868-00-8
Erschienen beim Hierophant-Verlag

Vorankündigung

Morgaine Brannigan
Avalon ist in dir

ISBN 978-3-940868-17-6
Erscheint im Mai 2008 beim Hierophant-Verlag